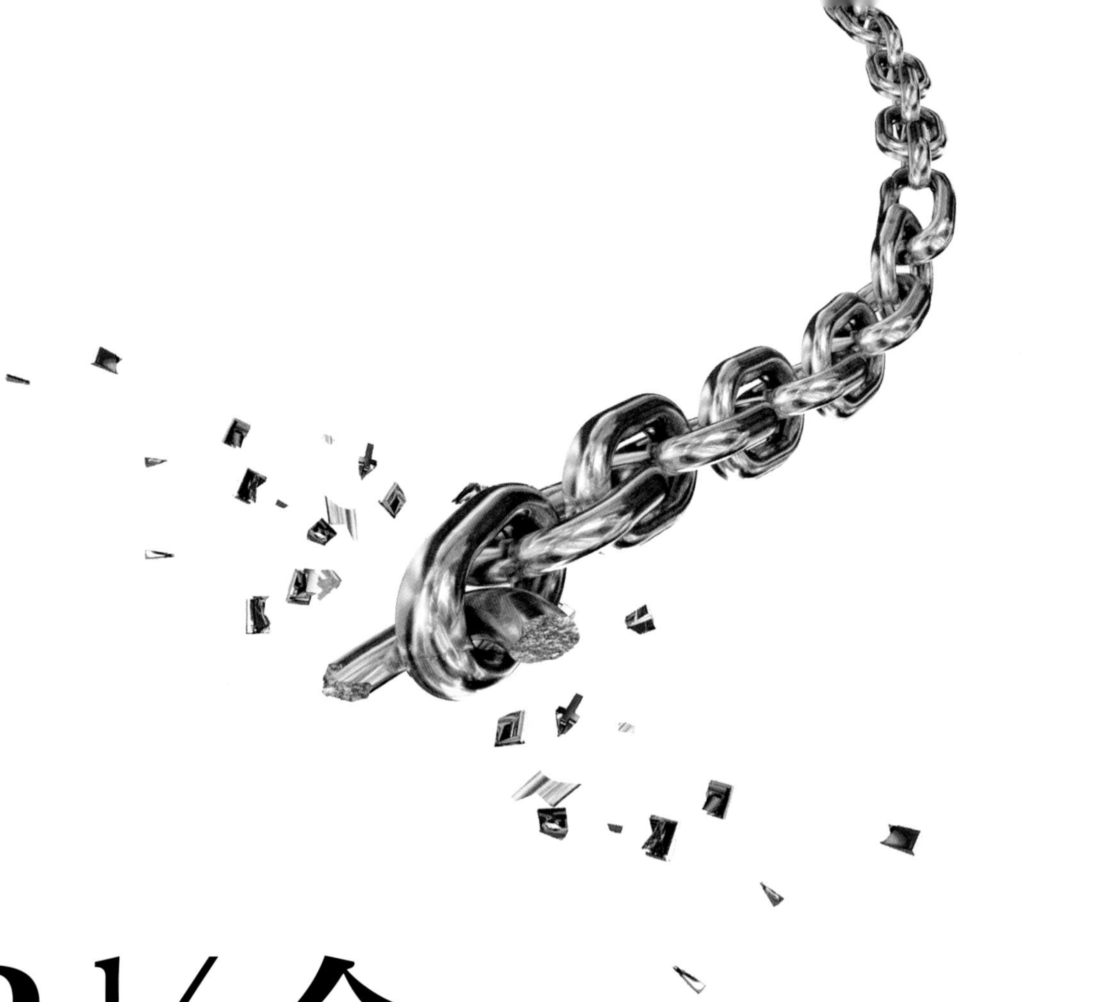

13½个
惊奇真相

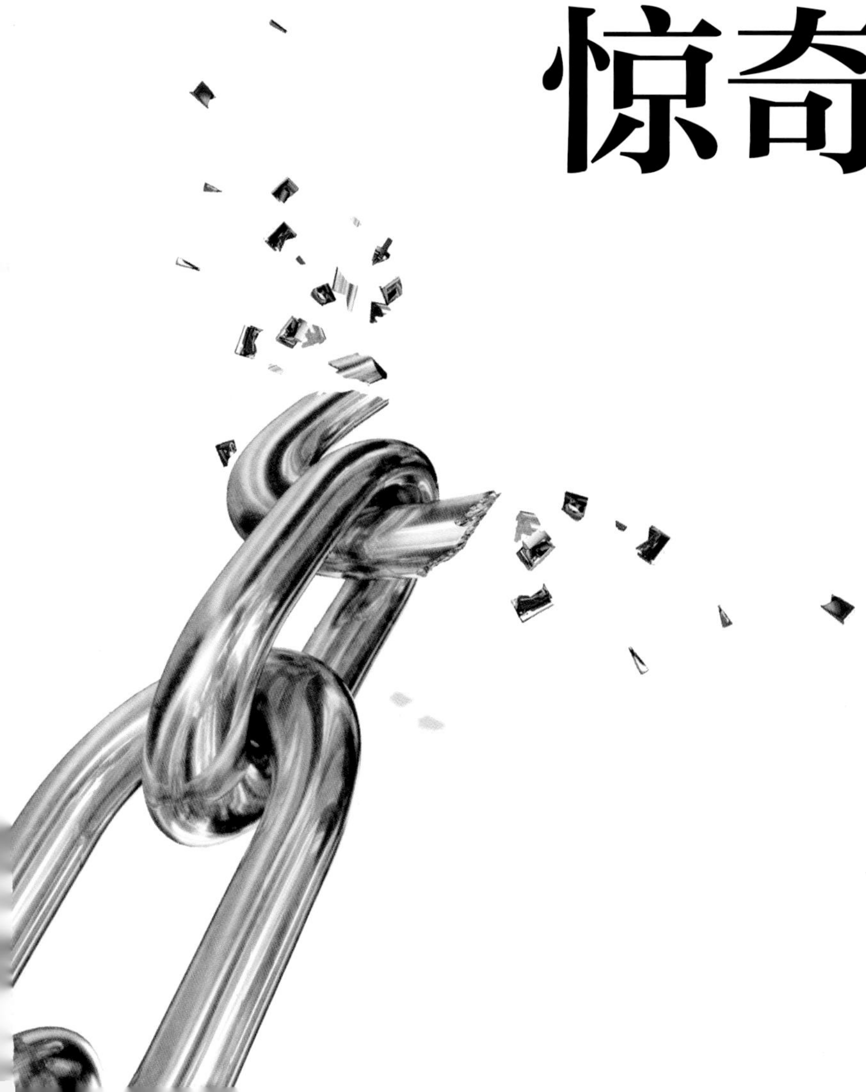

Original Title: 13 ½ Incredible Things You Need to Know About Everything
Copyright © 2017 Dorling Kindersley Limited
A Penguin Random House Company

本书简体中文版专有出版权由Dorling Kindersley Limited授予电子工业出版社。未经许可，不得以任何方式复制或抄袭本书的任何部分。

版权贸易合同登记号　图字：01-2020-1388

图书在版编目（CIP）数据

DK13 ½个惊奇真相 / 英国DK公司编著；鞠思婷等译.
北京：电子工业出版社，2020.6
书名原文：13 ½ Incredible Things You Need to Know About Everything
ISBN 978-7-121-38952-8

Ⅰ. ①D… Ⅱ. ①英… ②鞠… Ⅲ. ①科学知识 – 少儿读物
Ⅳ. ①Z228.1

中国版本图书馆 CIP数据核字（2020）第064204号

参与本书翻译的还有：胡文启、李盼、林强、刘帅、彭博、王建林、王倩、王羿、岳春燕

责任编辑：张莉莉　　文字编辑：吕姝琪
印　　刷：深圳当纳利印刷有限公司
装　　订：深圳当纳利印刷有限公司
出版发行：电子工业出版社
　　　　　北京市海淀区万寿路 173 信箱　邮编：100036
开　　本：889×1194　1/12　印张：15　字数：529.5 千字
版　　次：2020 年 6 月第 1 版
印　　次：2020 年 6 月第 1 次印刷
定　　价：118.00 元

凡所购买电子工业出版社图书有缺损问题，请向购买书店调换。
若书店售缺，请与本社发行部联系，联系及邮购电话：(010) 88254888，88258888。
质量投诉请发邮件至 zlts@phei.com.cn，盗版侵权举报请发邮件至 dbqq@phei.com.cn。
本书咨询联系方式：(010) 88254161 转 1835，zhanglili@phei.com.cn。

A WORLD OF IDEAS:
SEE ALL THERE IS TO KNOW
WWW.DK.COM

混合产品
源自负责任的
森林资源的纸张
FSC® C018179

13½个
惊奇真相

英国DK公司　编著

鞠思婷　等译

电子工业出版社
Publishing House of Electronics Industry

北京·BEIJING

目录

什么是13$\frac{1}{2}$?	6	史前生物	24
分解地球	8	大开"眼"界	26
美味水果	10	遨游太阳系	28
炫酷汽车	12	鲨鱼袭击	30
猫之王者	14	说文解字	32
奇妙真菌	16	完美图作	34
理论大爆炸	18	"刺"客蝎子	36
耀眼钻石	20	兴风作浪	38
蒸汽力量	22	体育世界	40

昆虫入侵	42
著名法老	44
苍蝇嗡嗡	46
伟大智慧	48
健康美味	50
传递消息	52
岩石明星	54
时间流逝	56
动物王国	58
罗马军团	60
超级种子	62
音乐不停	64
超声速飞机	66
食物链条	68
热血沸腾	70
海洋深处	72
暴躁火山	74
天空之光	76
制作电影	78
贵族骑士	80
直冲云霄	82
物质本源	84
我们的太阳	86
破壳而出	88
趣味骨头	90
两栖动物	92
说话之道	94
穿衣时尚	96
甜美诱惑	98
重要金属	100
疯狂飞机	102
点亮黑暗	104
虎鲸传说	106
数字奇想	108
忙碌蜜蜂	110
消化之道	112

奇妙土星	114
鸟之羽翼	116
维京海盗	118
风卷残云	120
软体动物	122
关注地球	124
登月装备	126
雪上起舞	128
医学奇迹	130
璀璨星空	132
颜色碰撞	134
霸王龙	136
博览群书	138
武士道	140
黑白精灵	142
隐形毒刺	144
石油家族	146
大脑盒子	148
神兽	151
钱的秘密	152
网络链接	154
珍贵植物	156
辉煌希腊	158
鳄鱼猎人	160
地心引力	162
肌肉力量	164
好奇的猫	166
名词解释	168

1 虽然太空充满了奥秘，但是经过人类不懈的探索，我们已经揭开了一些关于头顶这片星空的神秘面纱。行星、太阳等神奇的天体会让我们感到好奇和惊叹。如果你对太空很感兴趣的话，别忘了看看第126～127页，了解一下世界上最著名的航天服。

2 你可以在本书的第100～101页寻找黄金，一睹这种珍贵金属的芳容。在第54～55页去探索深埋在地下的宝藏，步入一段神奇的旅程。

3 保持注意力高度集中对许多运动来说都是至关重要的。除此之外，力的作用在某些运动中起到了关键作用，本书的第128～129页，通过一个滑板高飞的壮举向你展示科学的秘密。

罗马军团是历史上最勇猛的战士之一，虽然看起来凶神恶煞，但他们却是一群"时尚菜鸟"。本书的第60～61页，会为你揭示他们为什么会有在穿凉鞋的时候套袜子的奇怪癖好。 **4**

5 浩瀚的海洋里隐藏着地球上最不为人所知的地方。本书的第72～73页中，将带你潜入浩瀚海洋最黑暗的深处，探寻隐藏在那里的恐怖生物。

6 如果你热衷美食，那么请你打开本书的第10～11页，来一起探寻食物背后的乐趣！或者，你也可以翻开本书的第98～99页，享受一场舌尖上的甜蜜款待。

什么是13¹/₂?

在这本书中，你会从目录中发现你之前从来没有深入思考过的千奇百怪的问题。从蜜蜂到血液，从金钱到木乃伊，每个内容都有13¹/₂个令人不可思议的知识。下面就让我们打开这本书，探索神奇的世界吧。

13½

7 从热气球到直升机，人类是如何学会在天空翱翔的？在本书的第102～103页中，你将了解到简单的飞行原理。

8 地球内部的温度非常高，火山爆发可以喷出致命的火山灰，本书的第74～75页会告诉你火山喷出的火山灰能达到多高。

9 在本书的第96～97页，你可以将自己想象成故事的主人公，进行一场时装之旅。不过你可能会对伊丽莎白的时尚印象一落千丈。

10 动物王国既有力量强大的肉食动物，也有古怪的素食主义者。请翻阅本书的第68～69页，找出兔子狼吞虎咽地吃自己的粪便的原因。

11 你知道你的身体是如何工作的吗？看看本书第112～113页中的照片。要做好心理准备哦，有些真相你可能需要一段时间才能"消化"。

12 即使是最乏味的棕色油漆，背后也可能藏有一段血腥的故事。快去本书的第134～135页看看颜料的特殊历史吧。

13 你会在本书的第154～155页跟着链接了解万维网中的奇观。书中的图片将向你展示万维网发展的来龙去脉。

13½ 生活中有许多谣言和半真半假的信息，所以你不能完全相信所听到的每件事。这本书中的第13½项就是要告诉你这个道理，它会揭露谎言，告诉你事情的真相——不管真相是多么让人无法接受。

分解地球

地球诞生于46亿年前。这个由岩石和金属组成的巨大的自转的球体并不像它看上去那么坚硬。地球的表面在不断地发生着变化：陆地碰撞、地表抬升、海洋变宽。

1 可能你会觉得脚下的地面非常坚硬，但实际上地球坚硬的外层——地壳（qiào）只有几千米厚，地壳部分的岩石仅占地球总体积的1%。

2 地壳分裂成一块一块被称为构造板块的结构，看起来就像一幅巨大的拼图。然而，与拼图游戏不同的是，组成地壳的这些板块在不断移动，并相互碰撞。

3 组成地球的体积最大、质量最大的部分叫作地幔，厚约2900千米。由坚硬的岩石构成的构造板块漂浮在上地幔的软流层上，板块移动的速度非常缓慢。

4 外核包裹在地核的外层，由液态的铁和镍构成。这些可以旋转的金属使地球产生了磁场。

5 构造板块在不停地运动，运动速度各不相同。其中，纳斯卡板块（南美洲以西的板块）的运动速度是最快的，它的移动速度大约是每年8厘米，这个速度是你头发生长速度的一半。

6 地震和火山经常发生在板块边界。东非大裂谷正在将非洲板块缓慢地分裂成两块。有科学家预言，这个不断扩大的鸿沟将被一片新的海洋填补。

7 地球上的大陆曾经都连在一起，被称为泛大陆。科学家们预测，大约2.5亿年后，这些构造板块将再次合并。

8 除了地球，太阳系里的其他行星都是以希腊或罗马神话中神的名字来命名的。"地球"一词来源于盎格鲁－撒克逊语的单词"Erda"，意为"地面"或"土壤"。地球的名字大约有1000年的历史。

9 地球内核的主要成分是铁。它与太阳一样炽热，温度可达5000℃～6000℃。尽管地球中心蕴藏着巨大的压力和热量，但是它的内核仍是固体。

10 如果可以从地球的一边到另一边挖一条隧道，那么这条隧道的长度将是12756千米。实际上，目前最深的隧道是俄罗斯的科拉超深钻孔，有12千米深，还没有完全穿过地表层。

11 山脉是沿着构造板块的边界形成的。在地球上所有的山脉中，最长的山脉是大西洋中脊，它隐藏在海洋深处，由构造板块分离形成——板块分离导致热岩浆从地幔喷发出来，从而形成了坚硬的山峰。

12 世界上最大的沙漠是南极洲，但是那里完全享受不到阳光和沙滩的浪漫。它是最寒冷的大陆，其内陆地区每年的降水量不到51毫米。尽管降水量极少，但它的冰盖却含有地球上90%的淡水。

13 地球绕其轴线不停自转，转一周需要将近24小时。也就是说，当你站在赤道上时，你绕着地球中心旋转的速度约为1600千米/时。

13½ 地球不是平的，但也不是圆的——而是不太规则的圆形。它是一个扁平的球体，像一个中间有凸起的扁球。在赤道处，从地球中心到海平面的距离比到地球两极的距离多21千米。

美味水果

许多水果都有美味的果肉，以此引诱动物吃掉自己的果肉，帮助自己传播种子，繁衍后代。但并不是所有的水果都是甜的，有些甚至不是肉质的。果实是开花植物生长种子的部分，在花的子房中形成。

1 树莓不是浆果，而是聚合果实——大量的果实从一朵有多个子房的花中生长而来。真正的浆果应该是从单一的子房中形成的，黄瓜、香蕉、西红柿、橘子和葡萄都是浆果。

2 西瓜是5000年前在非洲最先发现的，因其较高的含水量而广受欢迎。西瓜还出现在古埃及的象形文字中，人们甚至在图坦卡蒙法老的陵墓中还发现了西瓜的种子。

3 许多坚果实际上也属于水果的一种。核桃没有柔软的果肉，而有一个硬壳，硬壳里面就是一粒可以食用的大种子。

蓝莓

4 榴莲被认为是世界上最臭的水果，其强烈的臭味通常被描述成像洋葱、奶酪或臭袜子的味道。

5 龙果又叫火龙果，是一种生长在亚洲和中美洲的夜间开花的仙人掌的果实。火龙果的外观很显眼，但味道较平淡。

6 苹果和梨是"假水果"，因为它们的果实是从花的根部发育，而不是由其子房发育形成的。对苹果和梨来说，真正的"果肉"部分是以种子为核心的那一小部分，通常会被扔掉。

百香果

7 野生香蕉中含有许多苦涩的、无法食用的种子。超市货架上常见的鲜黄色香蕉，都是人工培育出来的含有无籽基因的品种。

8 一株菠萝每2～3年才会结一次果实。菠萝是由多达200个鳞片状花朵合在一起形成的水果。

草莓

西红柿曾经一度被人们认为是有毒的，可能是因为它们艳丽诱人的颜色让人望而生畏。现在，西红柿作为食物每年的消耗量超过1亿吨。

9

10 椰子是一种水果，但它的白色果肉却是种子的一部分。据报道，每年会有约150人被坠落的椰子砸死。尽管这个数字还没有得到证实，但许多热带海滩已经清除了椰子树，以防万一。

原产于澳大利亚的哈拉果由一个内核和数百个突起的纤维条状果肉组成。每个条状果肉的顶部是坚硬的木质成分，但底部的新鲜肉质可以生吃或熟食。

11

并非所有的果实都是甜的。黄瓜、茄子、小黄瓜、辣椒、南瓜、豌豆以及其他豆类都是果实，而我们通常把它们叫作蔬菜。

12

石榴可能具有抗衰老的特性。它释放出的尿石素-A能够帮助细胞再生。相关研究指出，用这种分子喂养蠕虫，可以使蠕虫的寿命达到普通蠕虫的2倍。

13

13½ 吃苹果核对身体有害吗？的确，苹果种子中含有杏仁苷，它是一种可以释放出致命毒物——氰化物的化学物质。只不过你需要吃几百个苹果核，而且要磨得足够细，才可能达到危险的剂量。

黑莓

果实是如何形成的

果实的形成是开花植物生命周期的一部分。当来自雄性花朵的花粉落在另一朵雌性花朵的柱头上时，花就完成了受精。种子开始在花朵的子房（产生雌性卵细胞的部分）内生成。接下来，为了保护受精的种子，子房壁会发生膨胀，膨胀的子房壁就会发育形成果实。一般的肉质果实（如桃子），果皮、果肉和种皮都来自于膨胀的子房壁。

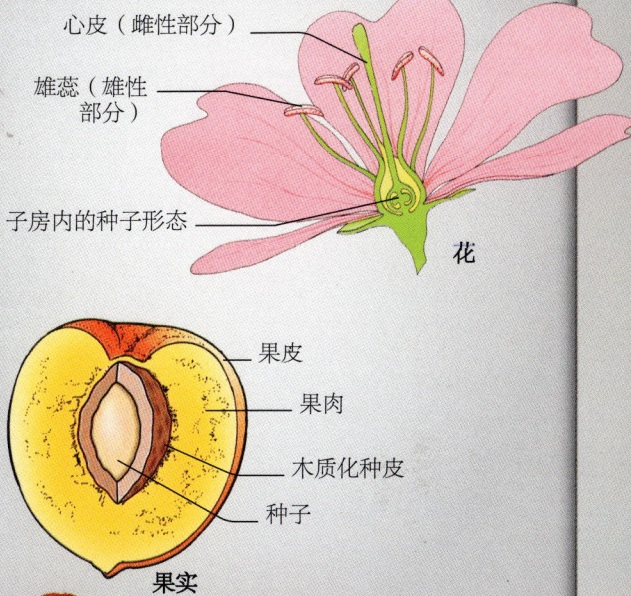

心皮（雌性部分）

雄蕊（雄性部分）

子房内的种子形态

花

果皮

果肉

木质化种皮

种子

果实

炫酷汽车

汽车的发明改变了世界。自从130多年前第一辆不需要马拉的车出现，汽车已经走过了很长的一段发展历程。现在的汽车比以前速度快很多，且时尚又超精密。相信在不久的将来，自动驾驶也会很快实现。

1 世界上有超过10亿辆汽车——平均每7个人就拥有1辆。每年新增车辆达到7000万辆，也就是说，每天生产大约190000辆新车。

2 在18世纪，几位发明家试图制造蒸汽驱动汽车，遗憾的是并没有成功。因为蒸汽驱动汽车需要装有巨大的锅炉，同时携带大量的煤和水，这将导致它们体积巨大，而且速度很慢。

3 内燃机发明于19世纪下半叶，它的出现为现代汽车的发展铺平了道路。内燃机通过汽油或柴油提供燃料，这些燃料每秒钟在金属汽缸内会产生约100次微小爆炸。微小爆炸产生的能量通过动力活塞传递到车轮上。

4 第一辆向公众销售的现代汽车是由德国工程师卡尔·本茨于1885年制造的。轻量化的汽车有3个车轮，没有车顶，最高时速为16千米/时。这个速度可能会被一匹奔跑的马追上。

5 一个汽车轮胎含有200多种材料。橡胶的天然颜色实际上是白色，但在其中添加了一种提高轮胎的强度和耐磨性的炭黑后，轮胎就变成了独特的黑色。

13½ 说起水下驾驶，你可能以为它只能发生在电影中，其实不然。第一艘潜艇跑车已于2008年完工，由双螺旋桨驱动。不过它是开放式设计，驾驶员在驾驶时必须佩戴水肺潜水装备。

13 方向盘连接着汽车的前轮，使驾驶员可以及时改变车辆的方向。许多现代汽车都有动力转向，把发动机的动力作用在转向轮（即前轮）上，使司机更容易转弯。

12 这种跑车底盘很低，车体较长且车身光滑。流线型的设计减小了空气阻力，使它速度更快，续航里程更长。

11 汽车的车漆是通过机械手臂进行喷绘的。全世界的汽车有各种各样的颜色，最受欢迎的是白色。

10 汽车的速度并不是一直都很快。1896年在英国开出了世界上第一个超速罚单，而那位司机仅以13千米/时的速度行驶，大大超过了当时3千米/时的车速限制。

9 汽车的燃料（通常为汽油）储存在油箱中。电动汽车并没有油箱，取而代之的是几个可充电的强大电池。一些先进的电动汽车充满电之后可以行驶超过400千米的距离。

8 无人驾驶汽车预计未来将非常受欢迎。目前，这些汽车使用激光传感器和摄像机来绘制周围环境，并由一台非常强大的计算机进行自动控制。

6 钢底盘构成了汽车底部的基本框架，平均每辆车使用的钢材超过1090千克。

7 车轮通过车轴（一种金属装置）与车身相连。这辆车通过汽车后车轴接收来自发动机的动力。早在公元前3500年，马车上就第一次使用了车轮和车轴。

猫之王者

老虎是猫科动物中体形最大的动物，它们不仅只吃肉，而且需要大量的肉食才能生存。老虎捕食时会用强大的力量把猎物扑倒在地，然后一口咬住猎物的脖子，使其窒息而亡。

1 老虎有6个亚种。图中所示的孟加拉虎是最常见的一种，它们生活在印度和孟加拉国的森林和红树林中。目前野生老虎只有4000只左右，其中约2500只为孟加拉虎。

2 大多数猫科动物都不喜欢水，但老虎却天生会游泳，它们还会专门去池塘和小河里游泳。

3 老虎身上的条纹不仅仅表现在毛上，而是长在皮肤上的。也就是说一只老虎剃完毛后，它还是会有条纹的。老虎的条纹跟人类的指纹一样，没有两只老虎有相同的条纹图案。

4 老虎的名字来源于波斯语，意思是"箭"，指的是它极快的速度。老虎可以在短时间内以高达65千米/时的速度奔跑。

⩔ 猫科一族

猫科动物分为两个亚科：豹亚科和猫亚科。老虎和大多数其他大型猫科动物，包括狮子、美洲豹和花豹，都属于豹亚科。除此之外，从家猫到猎豹都是猫亚科。所有的猫科动物的头骨形状类似，短而圆，旨在将力量集中在下颚上。它们的下颚只能上下移动，不能侧向移动。豹亚科动物有声带，这意味着它们可以咆哮，而猫亚科动物则不能。

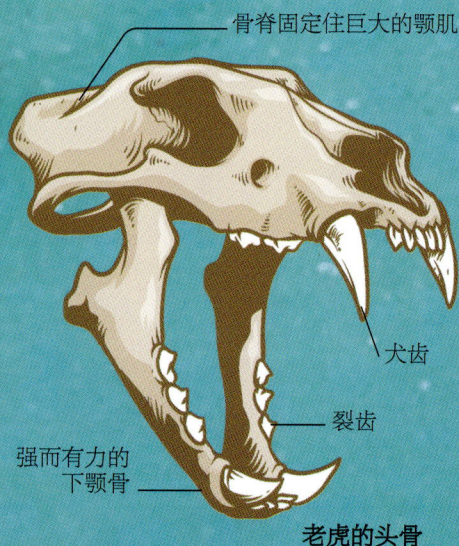

骨脊固定住巨大的颚肌

犬齿

裂齿

强而有力的下颚骨

老虎的头骨

5 老虎的体形很大，体重高达300千克，相当于4个成年男性的体重，大部分猫科动物在它面前就像小矮人一样。狮子的体形几乎和老虎一样大，但肌肉却没有老虎发达。

6 老虎捕猎的时候，先是慢慢靠近它的猎物，然后从后面扑上去，伸开它具有强劲肌肉的前腿，用爪子扑倒猎物。老虎的力量足以对付体重是它6倍的动物，且动作敏捷，一次可跳跃10米。

7 爪子上柔软的肉垫保证老虎在跟踪猎物时不会暴露。但是它的爪子又可以进行致命的攻击，这强有力的一击可以瞬间击碎猎物的头骨。

9 橙色皮毛和深色条纹可以为老虎在深草中行走提供伪装。有时在动物园里可以看到白色的老虎，但它们非常罕见。

10 老虎的眼球具有一种独特的琥珀黄色。眼球的后面有一个特殊的反光层，可以增强它在弱光下的视力。老虎的夜视能力是人类的6倍。

11 在老虎的领地上工作的人，为了防止被老虎袭击，有时会在后脑勺上戴着面罩。因为老虎习惯以隐蔽的方式从后方对猎物发起袭击，而不会攻击它们认为可以看到它们的人。

12 超灵敏的胡须帮助老虎在黑暗中导航和感知猎物。这些胡须甚至可以帮助老虎决定咬在哪个位置，并判断在被咬后猎物的脉搏是否停止。

13 老虎爪子和人类指甲一样，主要成分都是角蛋白。就像除猎豹外的所有猫科动物一样，老虎在不捕猎时会将它的爪子完全缩回到爪鞘中，从而保持爪子持久锋利。

8 老虎拥有巨大的犬齿，长度可达7.5厘米，是所有猫科动物中最大的，在捕猎时能够给猎物带来致命的伤害。裂齿可以切断骨头和肌肉，而带刺的舌头可以把肉从骨头上剃掉。

13½ 狮虎听起来像是虚构的动物，但这种雄性狮子和雌性老虎的杂交后代确实存在。圈养的大型猫科动物有时会跨物种交配，但狮虎是不健康的，无法自然繁殖，也无法在野外生存。

奇妙真菌

可以说，如果没有真菌，地球上就不会出现生命。地球上的真菌总共约有10万种，在促进动植物物质循环方面起着至关重要的作用，不过它们也有可能是致命的寄生虫。真菌的孢子几乎无处不在。

2 真菌菌丝网可以传播得很广。美国俄勒冈州有一种巨大的蜜环菌，在地下绵延9.7平方千米，成为名副其实的最大生物体。

1 大多数真菌是螺旋的丝状体，可在木材和土壤中传播，没有明显的形状。仅仅1克土壤就可以容纳100米的微小菌丝。蘑菇是真菌的"子实体"，它们释放孢子进行繁殖。

3 有些蘑菇可以自己传播孢子，还有一些蘑菇需要借助外力。有一种真菌叫作"魔鬼手指"（阿切氏笼头菌），它通过臭味来引诱苍蝇，在苍蝇的帮助下把孢子散布到新的地方。

4 1928年，苏格兰科学家亚历山大·弗莱明意外地让真菌在一盘细菌上生长出来，这是人类有史以来最伟大的发现之一。真菌产生了青霉素，而青霉素是第一种抗生素类药物，拯救了无数人的生命。

5 松露被认为是最美味的几种真菌之一，其中白松露的价格最昂贵，每千克售价高达2500英镑（约22000元人民币）。猪和狗的鼻子比较灵敏，可以嗅出埋在地下的松露并找到它们。

6 真菌通常是寄生或腐生，也就是直接生活在它的食物中。菌丝可以穿过动物和植物体，并释放出化学物质分解食物，以此吸收养分。

牛肝菌

7 蛤蟆菌是一种较常见的真菌，它鲜艳的红白相间的菌伞向敌人发出自己具有毒性的警告。在民间传说中，这种真菌常与仙女联系在一起。

8 猎豹是非常优秀的短跑运动员，但有一种俗称"帽子投掷者"微小的真菌比猎豹的起跑加速度更快。为了释放它的孢子，它会抛出一个"帽子"（孢子囊），这个过程的加速度是高速子弹的2倍多。

绿叶菌含一种鲜艳的色素。它那独特的亮蓝绿色也给它所寄居的木头染色，这种彩色木头有时被用来制造家具。

9

蘑菇的生命周期

当蘑菇准备繁殖时，它会在其菌帽下面的组织中产生孢子，然后这些孢子被释放到空气中。孢子必须在合适的地方降落，例如土壤中或植物上，才能发芽。孢子降落后便开始生长，并长出一个叫作菌丝体的地下网状物。这些菌丝最终钻出表面，形成新的蘑菇，然后再次开始新的循环。

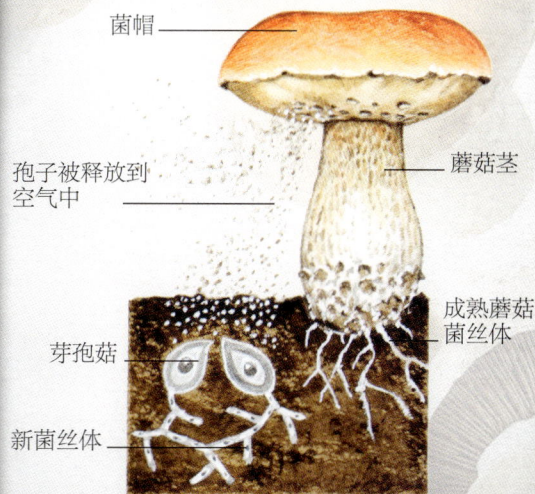

菌帽

孢子被释放到空气中

芽孢菇

新菌丝体

蘑菇茎

成熟蘑菇菌丝体

10 真菌不仅存在于室外，我们的家里也到处都有它们的身影。甚至我们的枕头都可能容纳超过100万个真菌孢子。

11 大多数真菌的孢子我们肉眼看不见。然而，可以长到足球那么大的巨型马勃球菌，在繁殖时会向空中抛出多达70000亿个孢子云团，可以被人们清晰地看见。

12 使面包有光泽且质地蓬松的酵母菌也是一种真菌。酵母菌在发酵食物时会释放二氧化碳，使面包在烘焙时鼓起，体积变大。

羊肚菌

13 发霉水果上的腐烂物质也是一种真菌，你绝不会想要吃它。但一些奶酪上由真菌组成的蓝色静脉状图案却是可以食用的，这些真菌与制造青霉素有关。

黄脑菌

13½ 很多人认为蘑菇是一种蔬菜，其实不然。虽然你可能会在超市卖胡萝卜的地方附近发现蘑菇，但蘑菇其实属于一个跟蔬菜完全不同的独立的生命王国。更重要的是，真菌在生物学上更接近动物，而不是植物。

鸡油菌

理论大爆炸

物理学提出了地球上和宇宙中的事物是如何运作的问题。物理学家们已经发现了一些不同寻常的答案，并提出了一些貌似不切实际的理论和想法。

1 意大利的伽利略是早期的科学家之一。然而，他对宇宙的一些新想法在当时并没有得到社会，尤其是教会的认可。当时普遍被认可的理论是太阳围绕地球转。1632年，他出版了一部介绍地球绕着太阳转的书之后，就被囚禁了。

2 出生于1642年的英国天才艾萨克·牛顿意识到在宇宙中存在着无形的力量，推动或拉动物体移动。他在书中描述了力是如何产生的，是提出运动定律的第一人。牛顿还发现及发明了许多其他重要的东西，比如猫洞！

3 物质都是由原子组成的。你也是由数不清的、不同类型的原子组成的。组成物质的原子很小，50万个原子排成一排可以躲藏在一根头发后面。过去的几个世纪，科学家们一直认为原子可能是最微小的粒子，不能再进行分割。

4 我们现在知道原子是由质子、中子和电子3种更微小的粒子组成的。质子和中子聚集在原子中心，形成原子核，电子围绕着原子核旋转。原子内部的大部分空间是空的。如果一个原子和地球一样大，那么原子核只有一个足球场那么大。

5 原子核内的质子和中子由更小的叫作夸克的粒子组成。夸克非常小，我们已知的夸克有6种。夸克的种类被称为"味"，分别是上、下、奇、粲、底及顶。研究宇宙中最小物体（微观粒子）的学科叫作量子力学。

6 德国物理学家马克斯·普朗克将超级小推到极限。他一直在寻找一种长度极其微小，不能再分的可测长度。当他找到这个极小长度后，把它命名为普朗克长度（10^{-33}厘米）。接下来，他又将一秒的时间细分，直到细分的时间不能再短，从而计算出普朗克时间（10^{-43}秒）。

7 英国物理学家彼得·希格斯有一个以他自己名字命名的粒子。他和几位科学家进行研究，确信有一个未知的粒子存在，并给予其他粒子质量。在2012年，一台大型强子对撞机（一种粒子粉碎机）上进行的实验揭示了这种未知粒子的存在，被命名为希格斯玻色子。

8 光是物理学的另一个奥秘。它没有质量，且在宇宙中速度最快。尽管我们总是能看到它，但却不知道它是由什么组成的。它总是表现为不同的形态，有时像波浪一样荡漾，而有时候就像粒子一样。目前，这仍然是物理界的一大难题，即使是最聪明的物理学家也仍然对其十分困惑。

9 物理学是对物质和能量的研究，物质和能量是在大约138亿年前的宇宙大爆炸中产生的。随着物质的膨胀和冷却，元素形成并聚集在一起形成恒星和星系，最终在地球上出现了生命，人类也随之而产生。生命所需要的元素都是在恒星中产生的。

10 宇宙研究发现了一些奇怪的事情。科学家们认为天体之间存在大量的未知物质，宇宙中95%的物质可能都是由这些被称为暗物质和暗能量的东西构成的。现在物理学家们的任务就是找到它们。

11 超级天才爱因斯坦（1879—1955）提出了许多令人难以置信的想法，例如：时间可以减慢；时空是弯曲的；重力是空间和时间的扭曲造成的；除了光速，没有什么是固定的……这些想法都属于理论物理的范畴。爱因斯坦不思考的时候，喜欢拉小提琴。

12 爱因斯坦最著名的理论之一是相对论，相对论解释了质量如何变成能量，即质能关系：$E=mc^2$，也就是说，能量（E）等于质量（m）乘以光速的平方（c^2）。这个公式也解释了为什么极少量的铀可以产生巨大的能量，甚至可以制造核弹。

13 当物理学理论被付诸实践时，往往更容易被掌握。例如，1961年苏联航天员尤里·加加林成为第一个逃离地球引力并前往太空的人。他以超过27000千米/时的速度，绕地球飞行了108分钟。事前，加加林没有告诉妈妈他要去哪里——不过他的妈妈在电视新闻中知道了这件事情。

13½ 如果你的老师告诉你，你的成绩有了"a quantum leap"（质的飞跃），那么你可能以为自己的成绩会达到满分。事实上，"a quantum leap"在物理学里指的是电子从一个原子跳跃到另一个原子所经过的距离。

耀眼钻石

钻石（diamonds）一词是由希腊单词"adamas"（坚不可摧）而来，它是迄今为止已知的最坚硬的矿物。它由纯碳构成，有着极高的硬度和耀眼的光芒，是地球上最受欢迎的宝石。

1 钻石形成于距地面200千米深处的地幔层中。在那里，碳在高温高压下形成钻石，之后火山活动使钻石逐渐接近地表。大部分钻石形成于10亿年前到30亿年前。

2 大多数钻石都在一种叫作金伯利岩的火山岩中被发现，这种岩石以其首次发现地——南非金伯利命名。每一年，世界各地开采的钻石总量约有26000千克，这些钻石足以装满9辆以上的卡车。

3 钻石刚被开采出来时是粗糙的石块，经过切割并抛光后，才能显现出宝石特有的光泽。一颗普通的宝石级别的钻石最常见的形状是八面体（有八个面），这个八面体看起来像两个背对背的方形金字塔。

4 有些钻石由于大自然的外力而风化破碎，然后被水冲刷成粗糙的形状。这些"冲积"钻石可以在海岸线上被找到。非洲西海岸有一段被称为钻石海岸，就是因为海滩上有许多被冲上岸的钻石。

5 离我们大约50光年远的半人马星座中，有一颗比地球上任何东西都大的钻石。它就是编号为BPM37093的恒星，这颗垂死的恒星由结晶碳形成，与地球差不多大小，约含有100亿兆克拉的钻石。

6 人类开采出的所有钻石中，只有20%具有真正的宝石品质。大多数被投入到工业应用中，如制作钻头、金属切削刀具和砂轮。

7 2016年，一颗名为"粉红之星"的钻石成为了有史以来拍卖价格最高的钻石，它的售价超过4000万英镑（约为3.6亿元人民币）。

8 白色是钻石最常见的颜色，但实际上它们还有其他颜色，大多数天然钻石是棕色。之所以会形成不同的颜色是因为含不同的化学杂质——含氮使钻石看上去是黄色的，而含硼会使钻石变成蓝色。

9 钻石看起来璀璨耀眼。因为当光线穿过钻石时，会被多个平面反射，也会被钻石晶体非常致密的结构分散成各种彩虹色。

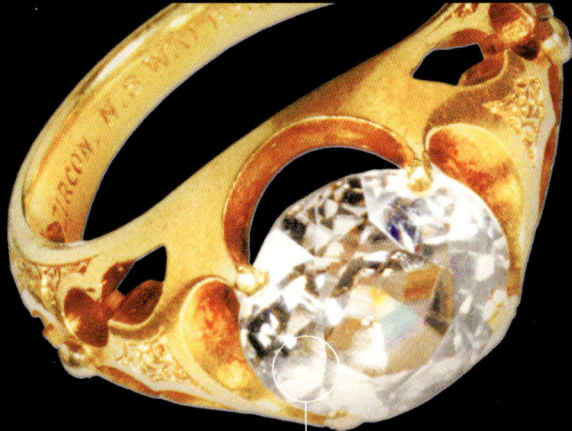

第一枚钻石婚戒诞生于1477
年，由神圣罗马帝国皇帝马
克西米利安一世送给他未婚
妻——勃艮第大公的独生女玛丽。
这一传统在1947年由戴比尔斯公司
提出了脍炙人口的广告语"钻石恒
久远"之后真正流传起来。

10

"希望"蓝钻石是
历史上有名的"厄
运之钻"。据称，
这颗钻石受到了诅咒。传说
这颗核桃大小的钻石是从印
度的一座宗教雕像上偷来
的，它给它的历任主人都带
来厄运——从死亡到破产各
种不幸的遭遇。

11

12 大自然花费数十亿年的时间形成
的钻石现在在实验室里几天就能
够制作出来。利用高温和高压，
科学家们可以制造出可与天然钻石相媲美
的人造钻石。

13 "库里南钻石"是迄今为止发现的最大
的宝石级别钻石，长10厘米，几乎和马
铃薯一样大，它被切分成了9个大块和
约100个小块。目前，其中2个体积最大的钻石
成为英国皇冠宝石中的一部分。

⌄ 碳分子

钻石是所有已知矿物中最坚硬的物质，
但它与最柔软的矿物（石墨）是由同一种物
质组成的——碳。组成钻石的碳原子也能形
成石墨（铅笔的笔芯）。由于原子的排列方
式不同，导致这两种材料的性质产生了天壤
之别。

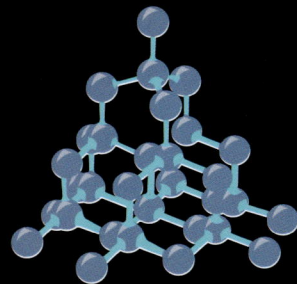

在钻石中，每个碳原子与周围的4个碳原子相连，所
有碳原子都处于一个强大的金字塔结构中。

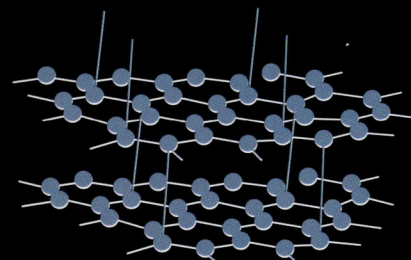

在石墨中，碳原子只与另外3个碳原子相连，形成
了可以滑动的层状结构。

13½ 你可能认为钻石很罕见，因为它们非
常昂贵。事实上，它们是最常见的宝
石。大型钻石公司垄断了钻石的市场
供应，使钻石看起来稀缺，并抬高了钻石的价钱。

1 第一台可工作的蒸汽机诞生于1698年。在经过许多改进（尤其是苏格兰工程师詹姆斯·瓦特的突出贡献）后，英国工程师理查德·特雷维特在1804年发明了蒸汽火车。这辆火车在第一次旅程中，以8千米/时的速度牵引了5辆货车，运载了9吨煤和70个人。

2 这台蒸汽火车的火车头可能需要6个小时才能从寒冷的环境中发动：给锅炉注满水，点火，加热水，然后产生蒸汽来驱动活塞，最后使轮子转动。

蒸汽力量

蒸汽动力的使用在人类发展史中具有革命性意义。蒸汽机不仅可以驱动工厂里的机器，使商品实现批量生产，还可以驱动车轮，比以往任何时候能更快地运送人或货物。

▼ 蒸汽机

蒸汽发动机要想移动重达数千吨的列车，首先要让燃料在燃烧室内燃烧。接着，燃烧室内的热空气沿着金属管进入锅炉，这些热量将锅炉内的水变为蒸汽，蒸汽向下传送到汽缸。在蒸汽的压力下，汽缸内的活塞被来回推动。活塞通过连杆与车轮连接，当活塞带动连杆运动时，车轮就会转动。

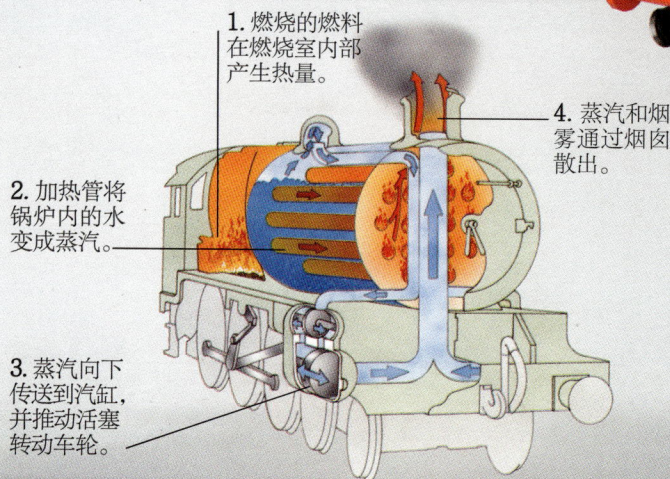

1. 燃烧的燃料在燃烧室内部产生热量。

4. 蒸汽和烟雾通过烟囱散出。

2. 加热管将锅炉内的水变成蒸汽。

3. 蒸汽向下传送到汽缸，并推动活塞转动车轮。

13 火车并不是唯一一种使用蒸汽机来作为驱动力的交通工具。蒸汽汽车最初出现在1769年，后被汽油发动机替代而退出市场。而第一架动力飞行器是在1852年发明的，是一艘蒸汽驱动的飞艇，不过从未真正飞行过。

13½ 在科技高速发展的现代，人们已经拥有了汽油和电力，你可能认为蒸汽时代早已经结束了。然而，发电厂仍然使用蒸汽。通过燃烧煤或核反应产生的热量加热水，产生蒸汽，推动汽轮机发电。

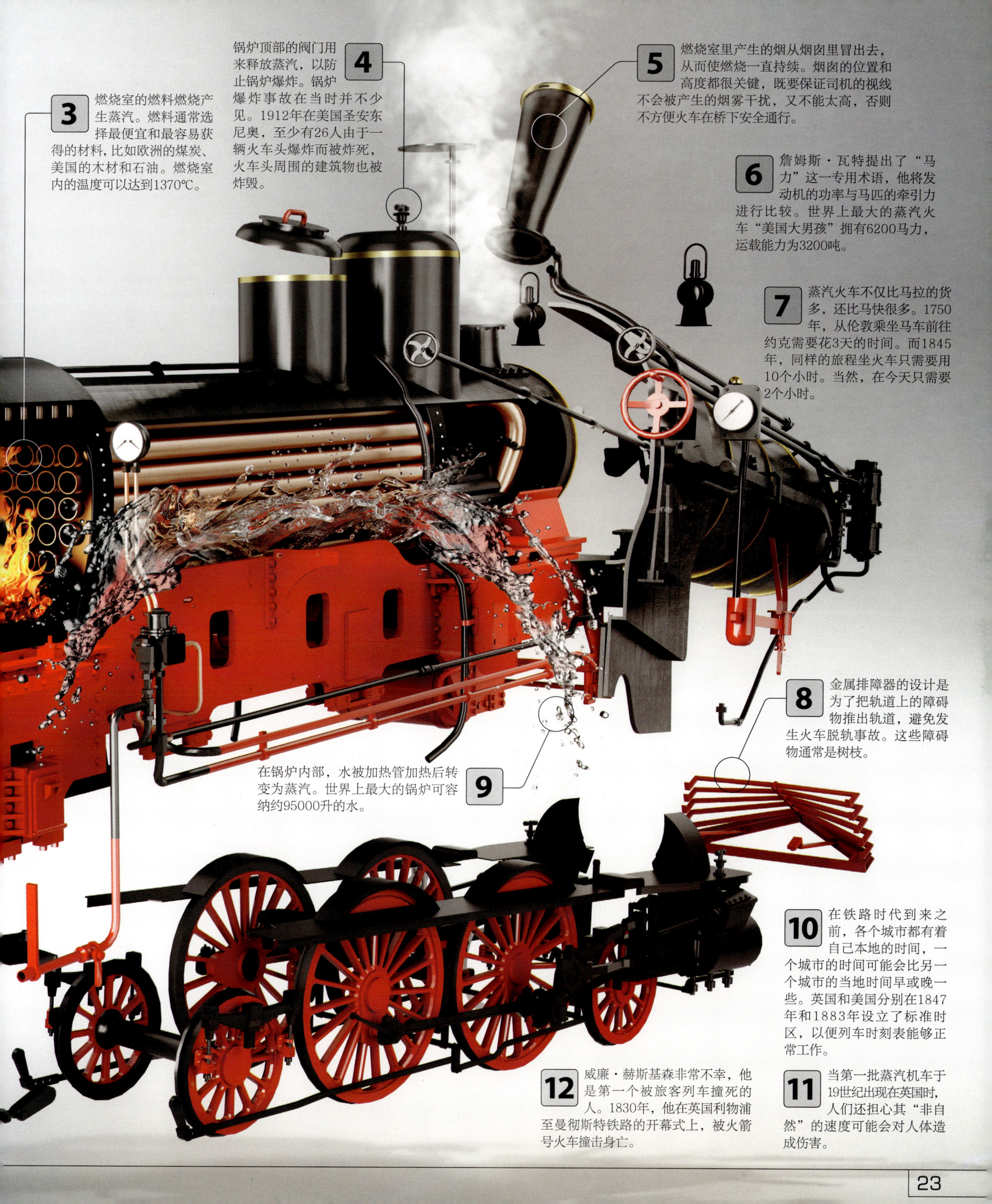

3 燃烧室的燃料燃烧产生蒸汽。燃料通常选择最便宜和最容易获得的材料，比如欧洲的煤炭、美国的木材和石油。燃烧室内的温度可以达到1370℃。

4 锅炉顶部的阀门用来释放蒸汽，以防止锅炉爆炸。锅炉爆炸事故在当时并不少见。1912年在美国圣安东尼奥，至少有26人由于一辆火车头爆炸而被炸死，火车头周围的建筑物也被炸毁。

5 燃烧室里产生的烟从烟囱里冒出去，从而使燃烧一直持续。烟囱的位置和高度都很关键，既要保证司机的视线不会被产生的烟雾干扰，又不能太高，否则不方便火车在桥下安全通行。

6 詹姆斯·瓦特提出了"马力"这一专用术语，他将发动机的功率与马匹的牵引力进行比较。世界上最大的蒸汽火车"美国大男孩"拥有6200马力，运载能力为3200吨。

7 蒸汽火车不仅比马拉的货多，还比马快很多。1750年，从伦敦乘坐马车前往约克需要花3天的时间。而1845年，同样的旅程坐火车只需要用10个小时。当然，在今天只需要2个小时。

8 金属排障器的设计是为了把轨道上的障碍物推出轨道，避免发生火车脱轨事故。这些障碍物通常是树枝。

9 在锅炉内部，水被加热管加热后转变为蒸汽。世界上最大的锅炉可容纳约95000升的水。

10 在铁路时代到来之前，各个城市都有着自己本地的时间，一个城市的时间可能会比另一个城市的当地时间早或晚一些。英国和美国分别在1847年和1883年设立了标准时区，以便列车时刻表能够正常工作。

11 当第一批蒸汽机车于19世纪出现在英国时，人们还担心其"非自然"的速度可能会对人体造成伤害。

12 威廉·赫斯基森非常不幸，他是第一个被旅客列车撞死的人。1830年，他在英国利物浦至曼彻斯特铁路的开幕式上，被火箭号火车撞击身亡。

4 第一批恐龙出现在大约2.3亿年前，它们是早期四足动物的近亲，但更加灵活。肉食类的始盗龙就是最早期恐龙家族中的一员，但它只是一只小恐龙——它的体重大约和一个小孩一样。

5 体形巨大、长着长颈的蜥脚类恐龙逐渐成为陆地上最大的动物。体长超过6米的早期蜥脚类恐龙——伊森龙，与它后来的蜥脚类恐龙亲戚相比，也只能算是一只幼崽。

地球上的生命起源于38亿年前的一种微小的单细胞生物。结构更复杂的生物在很久之后才出现。大约5亿年前的寒武纪物种大爆发时期，数千种新动物在海洋中产生，包括拥有5只眼睛的欧巴宾海蝎。

2

3 大约3.5亿年前，鱼类的祖先开始离开海洋在陆地上生活，慢慢进化成为陆地动物。第一只四足脊椎动物是可以在陆地上缓慢爬行的长尾两栖动物。

史前生物

动物已经在地球上生活了数亿年。世界上最早的生物是生活在古代海洋中的微生物，然后经过数百万年的演化，出现了许多体形庞大的生物——巨大的恐龙、强大的海洋捕猎者，以及强壮的、会飞的爬行动物。

1 伴随着新物种的出现以及其他物种的灭绝，地球上的居民一直在发生变化。我们永远无法了解大部分曾在地球上生活过的生物，因为所有曾经存在过的物种中，超过99%的物种现在已经灭绝。

9 画眉鸟大小的孔子鸟是早期的鸟类之一。它拥有无齿的喙，翅膀与现代鸟一样长。它的每个翅膀上都长有翼爪。

11 今天有一些活着的生物被认为是"活化石"，因为它们与古代祖先非常相似。扁平形的鲎（hòu）在漫长的4.5亿年里几乎没有发生变化。

6 在史前世界，陆地上的无脊椎动物的体形十分惊人，你可以想象一下像公交车那么长的千足虫和像乌鸦一样大的蜻蜓。

10 恐龙在地球上生存了近1.6亿年，有人认为，在6600万年前，一次小行星对地球的撞击造成了恐龙大规模灭绝。到目前为止，科学家们已经发现了大约700种不同种类恐龙的化石，可能还有更多。

12 数百万年来，生活在恐龙阴影下的大多数哺乳动物都小。当巨大的恐龙灭绝后，这些小型的啮齿类动物才开始进化成为新的、更大的物种。

7 一些恐龙的近亲离开陆地飞上了天空，成为翼龙——地球上第一种能飞行的脊椎动物。喙嘴龙，也叫长尾翼龙，有着能刺穿鱼身的圆锥状牙齿。

8 当恐龙统治史前大陆的时候，海洋的统治者是巨大的爬行动物，比如滑齿龙。就像今天的大白鲨一样，滑齿龙有着巨大的下颚和4个有力的鳍状肢。

13½ 千万不要被那些描写人类与恐龙共存的电影所迷惑。当现代人类在20万年前出现时，所有的巨型恐龙都已经灭绝了6600万年。

13 恐龙灭绝之后，哺乳动物主宰了地球。这是生活在300万年前的剑齿虎，它看起来像一只猫，但实际上它却是现代有袋类动物的近亲。

大开"眼"界

眼睛是人类通往世界的窗户，它会将我们所看到的影像瞬间发送给大脑。眼球里有人体中最微妙、最复杂和最快速移动的组织结构。

9 2015年，世界上首例"仿生眼"手术在英国进行。外科医生将一个小电极植入到患者的视网膜中，并将其与一个微型摄像机相结合，帮助患者恢复了部分视力。科学家将进一步研究用实验室培育的人工视网膜来代替受损视网膜的方法。

1 你每天眨眼超过10000次，将眼泪布满在眼球上以保持眼睛的湿润，眼睫毛则会保护眼睛不进灰尘。有物体靠近脸的时候，你的眼睛会在2/5秒的时间内自动闭上。

8 在没有望远镜等放大设备的辅助下，人眼能够看到的最远的地方是仙女座星系——距地球约260万光年。

7 在视神经与视网膜连接的地方，有一个没有感光细胞的小区域。但你看东西的时候并没有因此出现任何"盲点"，因为你的大脑会根据周围的视觉信息，自动填补上这个缺口。

6 视神经就好像一股超过150万根神经纤维组成的"电缆"，将信号从视网膜传送至大脑，从而产生视觉。

5 内眼球后壁的视网膜是眼睛的光线检测层，它被1.25亿个视杆细胞和500万个视锥细胞的感光细胞所填充，这些细胞接收到光信号后，转化为电信号，传递给大脑。

4 透明的晶状体将光线聚焦在眼睛后部的视网膜上。晶状体富有弹性——观察远处物体时，晶状体呈扁平状；观察近处物体时，晶状体则呈球状。每只眼睛里仅有一个晶状体，而蜻蜓的每只复眼中有大约30000个晶状体。

2 眼睛中有颜色的部分是虹膜，它是一个中心开口的环形肌，其中央是瞳孔。虹膜通过使瞳孔放大或缩小来调节进入眼睛的光线多少。每一个虹膜纤维的图案都是独一无二的，因此虹膜识别比指纹识别更加可靠。

3 晶状体位于虹膜后面，它通过一种叫悬韧带的细长纤维与周围的睫状肌连接，这种肌肉负责调节晶状体形状，每天可以调节数十万次。

10 巩膜是眼球壁上的白色区域，它为眼睛提供了一个坚固的保护罩。人类也是唯一能看清眼白的动物。巩膜下面是脉络膜，它是一层充满血管的薄膜组织，为眼睛提供氧气和营养物质。

11 角膜是位于眼球前壁的一层透明膜。假如人类的角膜组织受到损坏，可移植鲨鱼的角膜，因为鲨鱼角膜与人类角膜非常相似。

巩膜

12 蓝眼睛是由于色素缺乏导致基因突变而形成的。蓝眼睛的基因都是从6000至10000年前的蓝眼睛祖先那里遗传下来的。在那之前，人类都是棕色的眼睛。

13 与人类一样，所有的哺乳动物都有两只眼睛，但有些动物则有更多的眼睛。太平洋水域中发现的巨蚌就有几百只"眼睛"。这些"眼睛"长在蚌的外壳边缘，不过它们仅仅是感光小孔。

视网膜

脉络膜

13½ 你可能曾经听说过，当我们出生后，眼球就已经完全长成了。事实上，直到我们成年之前，眼睛一直在成长，不过成长的速度非常缓慢。新生婴儿眼睛的尺寸大约是成年人眼睛尺寸的75%。

⌄⌄ 眼睛是如何工作的？

当我们观察物体时，物体反射出的光线会投射至角膜，角膜对光线进行折射，即屈光。然后光线经过晶状体，晶状体通过改变自身形状，精准聚焦图像。聚焦后光线照射到眼睛后侧的视网膜上，在那里形成倒立的图像。视网膜中的感光细胞将光信号转换成电信号，这些信号沿着视神经传送给大脑，大脑最终会将这些信号转换成我们正在观察物体的图像。

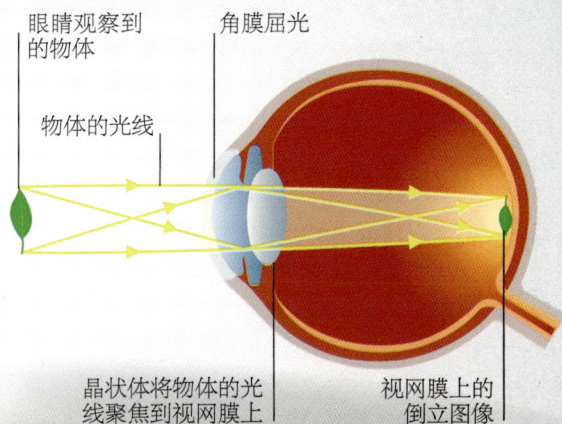

眼睛观察到的物体

角膜屈光

物体的光线

晶状体将物体的光线聚焦到视网膜上

视网膜上的倒立图像

遨游太阳系

我们都知道太阳系中有八大行星。其中，水星、金星、火星和地球是类地行星，由岩石和金属混合形成。木星、土星、天王星和海王星是巨行星，主要由气体和液体组成。

1 冥王星曾经是太阳系的第九大行星。但在2006年，在其轨道上发现了与其相似大小的星体后，冥王星就被降级，从此被划分为矮行星。冥王星很小，两个冥王星并排才能横跨美国。

2 在海王星的远处，可能存在着第九颗绕着太阳运行的行星。有证据发现，"行星九"对其他行星的运行轨道产生了影响。但是，该行星至今没有被观察到。

3 水星是最小的行星。水星上的太阳光照强度是地球上的7倍。水星表面的昼夜温差是最大，能够从白天的430℃下降到晚上的−180℃。

4 金星是距离太阳第二近的行星，它也是表面温度最高的行星，可达464℃。金星被厚厚的云层所包围，云层中还有对人类致命的硫酸。

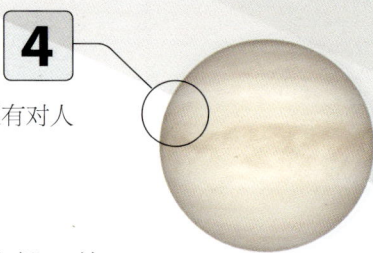

5 地球是目前唯一一个存在生命和液态水的行星，地球表面的三分之二是海洋。离太阳光直射较远的地方，水会结成冰；较近的地方，水会被蒸发掉。

6 火星是个"红色星球"，地表覆盖着富含铁的红色粉尘。有证据表明，30亿年前火星是一个温暖且湿润的星球，但现在的火星正处于冰河时代，又冷又干燥，水都被冻结进土壤里。

7 木星是太阳系中最大的行星，质量是太阳系中其他七大行星总和的2.5倍。然而，它的体积仍然比太阳小得多，10个木星排成一排才能横跨太阳。

⌄ 行星轨道

太阳系中的每个行星都遵循一条路径或轨道围绕着太阳运行。这些轨道接近圆形，是由天体引力作用形成的。地球离太阳最近的点叫作近日点，距太阳最远的点叫作远日点。行星在轨道上运行一圈所需的时间称之为"年"。水星的年最短，只有88天。海王星的年最长，约为165个地球年。

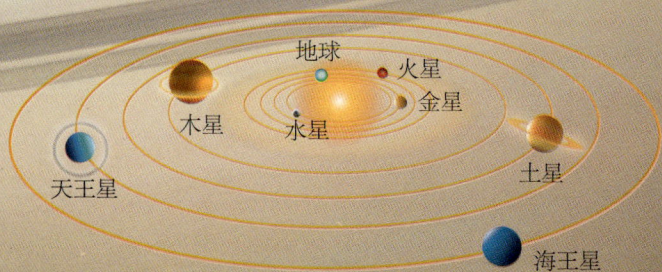

天王星　木星　　地球　火星　　金星　水星　　　土星　　海王星

8 到目前为止，在6颗行星的轨道上共发现了超过200颗卫星。其中，木星有79颗；土星有82颗；天王星有27颗；海王星有14颗；火星有2颗；地球有1颗；金星和水星均没有卫星。

9 巨行星土星主要是由氦元素和氢元素组成的。虽然它具有一个坚固的内核，但平均密度比水小。所以，从理论上讲，如果你能够找到一个足够大的水桶，土星就可以漂浮在水上。

10 所有行星都围绕着各自的轴旋转，这叫作自转。除了天王星是几乎横躺着旋转，其他行星的旋转角度都接近垂直。天王星自转一周需要17小时14分钟，地球需要23小时56分钟，而金星则需要5832小时。

11 小行星是行星在形成时所遗留下来的物质组成的岩石体。在火星和木星之间，有数以亿计的小行星环绕着太阳运动，但它们的质量总和还没有月球的质量大。

12 离太阳最远的行星是海王星，它是最寒冷，也是风力最强的行星，其风速可高达2160千米/时。它也是最小的巨行星，不过其尺寸仍然是地球的4倍大。

13 除海王星之外，有数千个像城市那么大的结冰物体围绕着太阳运行。当结冰物体距离太阳足够近时，就会长出由气体和尘埃混合而成、长达数千千米的巨大尾巴，成为一颗彗星。

13½ 陨石是穿过地球大气层并撞击地面的太空岩石，但它并不像你想的那么罕见。人们每年平均只能观测到10次陨石坠落，但其实还有上百颗太空陨石并未被探测到，且还有一些陨石在空中就已燃烧殆尽，并未落到地面。

鲨鱼袭击

大白鲨是海洋中最大的肉食动物之一，拥有超强的感官功能、强有力的颌骨和可怕的名声。世界上大约有500多种鲨鱼，这些鲨鱼畅游在世界上的每一个海洋之中。

1 大白鲨的体长可达7.2米，约为一个成年人身高的4倍，体重可达2吨。这种强大捕食者的捕食目标是海豹、海豚、海龟和鱼类，甚至也可能是其他的鲨鱼。

2 鲨鱼的嘴巴周围有许多小体孔，叫作洛仑兹壶腹。它们能感知到极微小的电脉冲，帮助鲨鱼在黑暗中找到猎物。

3 鲨鱼的眼睛位于头部的两侧，使其具有惊人的宽广视野。双髻鲨是所有鲨鱼中视力最好的，它们可以看到周围360度范围内发生的情况。

4 鲨鱼会换牙。鲨鱼的牙齿有5到6排，最多的会有15排。当旧的钝牙掉落时，就会有新的牙齿长出来。鲨鱼的牙齿中含有氟，跟我们在牙膏中加入的防蛀牙成分一样。

5 鲨鱼的远古祖先最早是在4.2亿年前进化而来的。自那以后，鲨鱼经历了5次大灭绝事件，其中包括6600万年前发生的恐龙灭绝事件。

6 鲨鱼身体从头到尾有一条"侧线"，沿着"侧线"分布着许多感觉细胞，布满微小的纤毛细胞，可以检测到水中最微小的振动。

7 鲨鱼有着令人惊叹的嗅觉。它们可以在大约1千米以外的地方探测到水中的一滴血。

鲨鱼骨架

　　鲨鱼和它们的近亲都属于软骨鱼纲。鲨鱼的骨骼不是由骨头构成的，而是由更轻、更灵活的软骨组织构成的。除了一根长长的脊椎，鲨鱼的骨架呈拱形来保持鳃张开，用软骨棒支撑鳍。与鲨鱼不同的是，大多数鱼类都是硬骨鱼类，它们有一个柔韧的骨架，以及支撑鳍的骨脊。

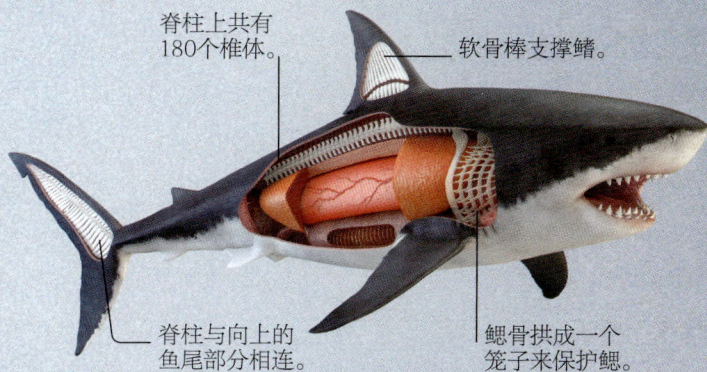

脊柱上共有180个椎体。

软骨棒支撑鳍。

脊柱与向上的鱼尾部分相连。

鳃骨拱成一个笼子来保护鳃。

8 大白鲨需要不停地向前游动才能生存。游泳时，水从它们的嘴里流入，再经过鳃排出去，以此获取氧气。如果静止不动，就没有足够的水通过鳃，它们就可能会淹死。

9 所有的鲨鱼都是肉食动物，但并不是所有的鲨鱼都是侵略性的捕食者。目前世界上最大的鱼类是鲸鲨，它是一个温和的大家伙，是一种杂食性滤食动物。鲸鲨的长度可达13米，最小的鲨鱼是灯笼乌鲨，它甚至没有豚鼠大。

10 一些鲨鱼对猎物并不挑剔。虎鲨有时被称为海洋中的"垃圾桶"，因为在它们的胃里曾发现过汽车轮胎、车牌，甚至还有豪猪。

11 鲨鱼的下巴与头骨连接非常松散，所以捕食猎物时，下巴可以向前突出来。一旦捕获到食物，鲨鱼就会把食物锁在牙齿里，然后使劲地撕下一块美味的肉块。

12 第二次世界大战期间，第一批美国志愿者组织的飞行员在他们飞机的"鼻子"上涂上可怕的鲨鱼眼睛和牙齿图案，试图以此震慑敌人。这群绰号为"飞虎队"的飞行员们在缅甸和中国上空执行飞行任务。

13 鲨鱼的皮肤布满许多齿状结构的盾状鳞，就像是穿了一件柔软的锁子甲，可以减少阻力，使鲨鱼能够平稳、安静地在水中游动。科学家们正在研发人工鲨鱼皮肤，用作高性能潜水服，使潜水员能够游得更快。

13½ 鲨鱼看起来很可怕，但事实上，它们更应该害怕人类。鲨鱼袭击人类是非常罕见的——每年造成大约6人死亡，但人类每年会捕杀大约1亿只鲨鱼，致使许多种类的鲨鱼濒临灭绝。

说文解字

从古老的石刻到现代的移动通信，人类运用文字交流已经有数千年的历史了。我们的祖先在过去就已经使用一系列的符号和密码来交流，有一些符号和密码我们到现在还未能破解。

1 26000多年前，石器时代的人们在骨头和鹅卵石上划线。这些简单的标记可能是用来记录捕到猎物的数量，或者是用来传递关于月亮和星星的信息。

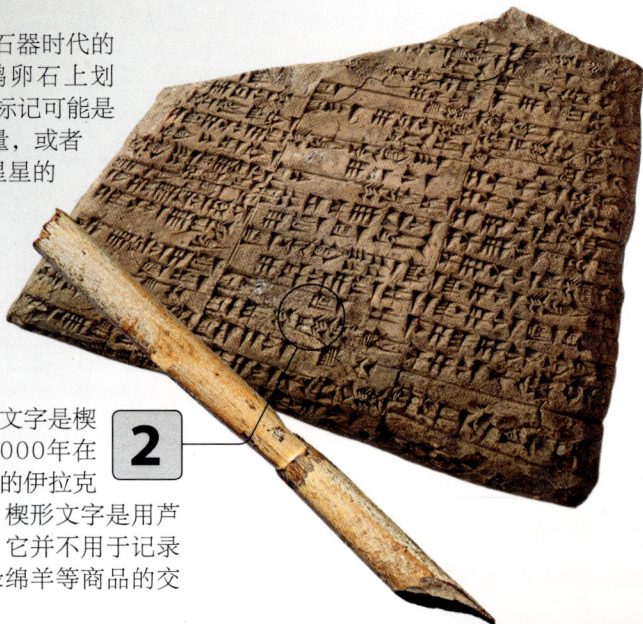

世界上第一种真正的文字是楔形文字，约公元前3000年在美索不达米亚（现在的伊拉克地区）发展起来的。楔形文字是用芦苇杆在泥板上刻写，它并不用于记录文学作品，而是记录绵羊等商品的交易情况。

2

古埃及人发明了世界上著名的文字之一——象形文字，一种以图画为基础的文字。象形文字中包含超过700种不同的图画，有鸟类图画、动物图画、家庭用品图画，甚至还有一些人体部位的图画。

3

对于秘鲁的印加人来说，这串乱七八糟的绳子实际上是一个复杂的记录形式，叫作结绳记事。印加人没有文字，所以用绳子上结的数目、大小和位置来记载信息。

4

有些古代文字对我们现代人来说仍然是个谜。这些雕刻的符号来自太平洋的复活岛，被认为是一种古老的语言，叫作朗格朗格文。目前，我们未能知晓它们所代表的含义。

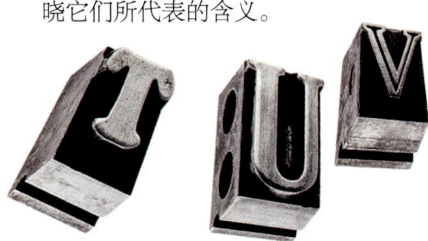

5

在字母表中，每个字母都有其独特的发音。在巴布亚新几内亚的布干维尔省使用的是罗托卡特语，这种语言的字母表是字母数量最少的，只有12个字母。

6

7 一些现代的语言使用字符，而非字母。普通话是超过8.89亿汉语使用者使用的语言，共有超过10万个字符。字符代表一个词或短语。大多数人能够掌握其中的3000～4000个字符，而这个程度就足以阅读一本书或一份报纸了。

8 今天的纸是由木浆和水混合而成的。而我们祖先使用的羊皮纸是用死去动物的皮制成的。他们将动物的皮拉成薄片，并用手刮去多余的动物毛发。

9 圆珠笔最早售于20世纪40年代，是现在最受欢迎的书写工具。它是由一名来自匈牙利叫拉迪斯洛·比罗的忙碌的报纸编辑发明的，他一直梦想着能有一支笔，既不会在书写时留下污迹，而且连续写上几个小时墨水也用不完。

10 一支普通的铅笔里的铅芯（石墨）足够画一条56千米长的线。它比钢笔使用起来更持久。与圆珠笔相比，一支铅笔能比圆珠笔多写出60倍以上的字。

11 科学家已经用DNA（身体细胞中发现的遗传密码）编码了一整本书，其中还包括图片。只要一茶匙的DNA就可以保存人类有史以来的每一本书、诗、信或购物清单，且空间还绰绰有余。

12 盲人使用的盲文字母由凸起的点组成，用指尖进行"阅读"。盲文字母所占的空间比印刷字母要大得多：盲文版《哈利·波特》仅单卷就有10册之多。

13 专家说，在智能手机上使用的网络词语、缩写和表情符号将可能成为一种新的书面语言。2015年，《牛津词典》就将名为"喜极而泣"的表情符号作为它的年度词汇。

13½ 你可能听说过普通的钢笔在太空里无法使用，但是航天员也不会使用铅笔。因为如果铅笔芯断了，它有可能会飘浮到机器或航天员的眼睛里，危险性极高。所以，在太空中需要使用专门设计的笔。

1 法国肖维的洞穴壁画可以追溯到3万多年前。这种岩石壁画上绘制了猛犸象、狮子、犀牛、奔腾的野牛等动物。有人认为这些绘画可能是用于狩猎仪式的，祈祷能给狩猎带来好运。我们也许永远不会知道它们所代表的真正含义。

2 史前的画家使用矿物粉末、木炭、泥土和烧焦的骨头来制作颜料。使用动物脂肪是早期将天然色素混合制成黏性颜料的方法之一。后来，人们用蛋黄混合颜料，直到15世纪人们开始使用油画颜料。

3 古埃及绘画有着非常独特的风格，因为画师们必须遵守一套严格的规则。仔细观察，你会发现人物的眼睛和肩膀总是正面，但是头和腰部以下则显示侧面。这些人物身材的大小也是有象征意义的，其中越重要的人物身材越伟岸。在古埃及，艺术具有专用性，它只能被富人、神或死者看到。

4 1974年，在中国发现的令人震惊的兵马俑是由8000多个真人大小的雕塑组成的。这座墓建于2200多年前，其中每一个雕像都不一样。这些雕像守卫着秦始皇的陵墓。据记载，这座巨大的墓穴用了70万人来建造。

5 1911年，意大利艺术家莱昂纳多·达·芬奇在1503年创作的《蒙娜丽莎》被一个意大利罪犯团伙偷走时，全世界都震惊了。偷画者温琴佐·佩鲁贾就在当时展示这幅无价之作的巴黎卢浮宫工作，他将画裹在他的工作服里偷偷带出去。两年后，温琴佐·佩鲁贾在试图将画卖出的时候被抓。

6 梵蒂冈西斯廷教堂天花板上那幅令人惊叹的《创世纪》是由意大利文艺复兴时期的艺术家米开朗基罗所画。他在距地面18米高的架子上工作了4年多才完成了这幅画。现在，每天都有超过25000人参观这幅伟大的画作。

7 荷兰画家文森特·凡·高最著名的作品是他的向日葵系列画作。虽然他在短短10年内画了900多幅油画，但生前只卖出了一幅。他的绘画具有粗犷的笔触和丰富的色彩，形成了独特的风格，现在，他的画作能够卖到几百万美元一幅。

完美图作

如果每幅画都等量为一千个字，那么世界上就会有一个记录着艺术历史的庞大图书馆。从悉心的雕刻到大胆的笔触，不同的风格在历史上不断地涌现与发展。

8 到了20世纪，一些艺术家不再画他们能看到的实物，而是用形状和颜色来表达情感或想法，这就是所谓的抽象艺术。不过如何解读抽象艺术是个难题。1961年，亨利·马蒂斯的抽象画《小舟》在纽约现代艺术博物馆被倒挂了47天，却没有人发现。

9 20世纪20年代，超现实主义艺术运动走在了世界前列。超现实主义的意思是"超越的真实"。艺术家们追求梦与现实的统一，并制造出现实中不可能的、荒谬的物品，如毛皮茶杯和会飞的鱼。最著名的超现实主义者之一是西班牙艺术家萨尔瓦多·达利，他的代表作为《龙虾电话》和《记忆的永恒》。

10 1947年，美国艺术家杰克逊·波洛克采用了一种独特的绘画方法——放弃画架，把颜料泼溅在画布上。这种充满活力的艺术风格迅速流行了起来，并被称为"行动派绘画"。在这种绘画艺术中，绘画过程中的行为比最终形成的作品更为重要。

11 截止2018年，世界上最高的雕像是印度182米高的《团结雕像》（Statue of Unity）。而有些雕塑则小到甚至肉眼都看不见，世界上最小的人形雕塑是乔蒂·胡尔维茨创作的《特拉斯特》，小到可以放在蚂蚁的头上，但可惜的是，该雕塑在2015年被一位摄影师的手指意外地压碎了。

12 艺术品收藏是一项大生意，伟大的作品往往也能卖出令人心动的价格。2010年拍卖会上卖出的最昂贵的画作是西班牙艺术家巴勃罗·毕加索的《裸体、绿叶和半身像》（1932年），其成交价高达1.065亿美元（约7亿元人民币）。

13 现代世界中，什么是真正的艺术一直众说纷纭。创意家们或展示一只切成两半的死牛（达明安·赫斯特），或展示一张未铺好的床（特蕾西·艾敏），或用风干的大象粪便做颜料（克里斯·奥菲利），各种创作方式不断地突破艺术的定义。

13½ 艺术评论家真的是艺术才能的终极评判者吗？他们知道如何区分好的艺术和不好的艺术吗？1964年，一位不出名的画家皮埃尔·布拉索的6幅画作在瑞典哥德堡被展出。这些画作均得到了评论家们的赞扬，但这位艺术家后来被证明竟是一只来自附近动物园的黑猩猩。

"刺"客蝎子

蝎子是夜行的肉食动物，它们用钳子和毒刺捕杀猎物，每天要吃掉跟自己体重相当的昆虫。蝎子大多生活在热带雨林或炎热地区的石头、沙子里和树上。

1 蝎子是无脊椎动物——没有内骨骼，取而代之的是坚硬的外壳和外骨骼。蝎子的外骨骼在紫外线的照射下会呈现出明亮的蓝绿色，但没有人知道为什么会出现这种现象。

2 世界上有将近2000种蝎子，从仅有9毫米长的极小的蝎子，到长达21厘米，和棕鼠一样大小的帝王蝎。帝王蝎是世界上最大的蝎子之一，原产于西非。

3 蝎子没有像人类那样的动脉和静脉系统。但它有管状的心脏，可将血液泵入含有其他器官的体腔内。蝎子和其他许多节肢动物一样拥有蓝色的血液。

4 帝王蝎强有力的钳子是它的主要武器，它用钳子强大的力量来捕捉和杀死猎物。一般来说，有着大肌钳的蝎子的毒性没有那些钳子小而长，但尾巴更大、更壮的蝎子毒性强。

5 蝎子不能吃固体食物，所以它们用螯肢将猎物撕成小块，吸食完猎物的体液之后，再吐出胃里的消化液将其消化，然后吸食干这些液体混合物。

6 蝎子的简单大脑与一条沿其身体分布的神经索相连。该神经索能够穿过蝎子的腹部连接其腿部的神经。

钳子肌

7 蝎子的腿上覆盖着极其敏感的绒毛，这些绒毛使它能够感觉到空气中的振动。在它的身体下面，有一对像梳子一样的感觉器官，叫作梳膜。梳膜可以从地面上接收振动，还能检测温度和湿度。

毒腺

8 毒腺通过毒针释放出毒液。帝王蝎的毒针和蜜蜂的刺不相上下，毒性很低，但一只肥尾蝎却可以在6~8小时内杀死一个人。

9 蝎毒中含有多种不同的毒素，被称为地球上最昂贵的液体，其中有些毒素可被用来治疗疾病。氯毒素就是在蝎子的毒液里发现的，这种毒素正被用于癌症治疗的实验中。

胃

10 大约4.6亿年前，成年人体形大小的巨型蝎子生活在现今美国的湖泊之中，它们长有桨形后腿，擅长游泳。

11 在古希腊，士兵们会在盾牌上画蝎子的图案来恐吓敌人。在古罗马，最致命的弹射器之一被称为"蝎子"。

12 蝎子通过腹部呼吸，而不是通过嘴呼吸。它们腹部有4对"书肺"——一种有薄膜褶皱的小器官，通过书肺孔吸收氧气。

13 炸蝎子在亚洲是一种很受欢迎的小吃，做熟后的毒刺是无毒的，有些人认为吃磨碎的蝎子粉能保护他们不被蝎子刺伤。

13½ 很多人认为蝎子都是致命的，但其实只有25种蝎子能杀死人类。而且，即使是最危险的蝎子也不一定是致命的，大多数被刺的健康成年人都能活下来。

⌄⌄ 蝎子解剖

　　蝎子属于蛛形纲动物，蛛形纲动物中还包括蜘蛛、蜱和螨等。蝎子的身体分为两个部分：头胸部（由头和胸组成）和腹部。像昆虫一样，蝎子也是通过蜕皮来更换外骨骼，不断生长。

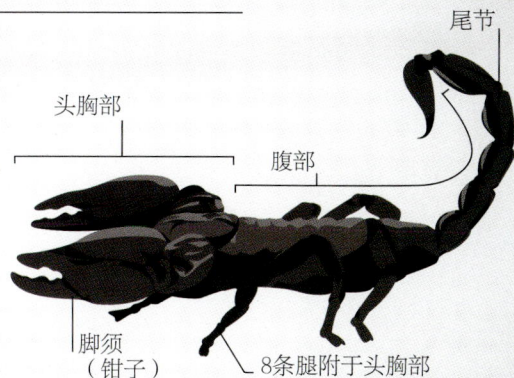

尾节

头胸部

腹部

脚须（钳子）

8条腿附于头胸部

兴风作浪

从地下到高空，水在地球上无处不在，甚至在人体里也是如此。地球上含有13亿立方千米生物生存必需的水。

1 地球上的水只有3%是我们生存所需要的淡水，且大部分淡水被困在冰川和冰帽的固体冰中，仅剩下1%的淡水可供我们饮用。

2 海洋并不是唯一一个有咸水的地方。一些大的内陆湖，比如死海的水就特别咸，你甚至可以浮在水面上。

3 尽管在广阔的太空中也发现过水的存在，但地球是太阳系中唯一一个有液态水的行星。在120亿光年之外的地方，有一团薄雾笼罩着一个黑洞，含有足以填满地球海洋140万亿倍的水。

4 植物的根从土壤中吸收水分，并通过蒸腾作用将其释放到大气中。一棵大橡树一天能蒸发多达400升的水（相当于3个浴缸）。

5 世界上最长的河流是尼罗河。尼罗河纵贯非洲，全长约6671千米。但南美洲的亚马孙河含水量更多，占排入海洋淡水总量的20%。

6 海底地震和火山爆发会引发巨大的海啸，海啸是世界上破坏力最大的自然灾害之一。海啸产生的海浪可高达35米左右，相当于10层的公寓楼的高度。

7 云看起来很轻，很蓬松，但实际上它们含有大量的水。晴天时团状积云的质量约为50万千克——相当于两架大型飞机的质量。

8 为获得更多的饮用水，人类不断地发明新技术。一种高科技的水瓶可以从周围的空气中提取水，极小的纳米微粒可以用来清除水中的污染物。

9 海洋覆盖了地表70%以上的面积。海洋表面与深水洋流在全球范围内不断地循环着——完成这一过程可能需要1000年左右。

10 平均每个成年人身体中的水分含量约占体重的65%，约40升。水存在于人体的每一个细胞里，甚至坚硬的骨骼中，事实上，人体骨骼的含水量超过20%。

水的循环

地球上的水资源总量从未改变，在海洋、大气和陆地之间不断地循环。水经太阳蒸发进入大气中，形成水蒸气。水也可以通过植物的蒸腾作用进入大气中。当水蒸气上升时，会被冷却形成水滴。风把空气中的水滴聚集到一起就形成了云。当这些水滴越来越重时，便会形成雨、雪和冰雹落到地上。

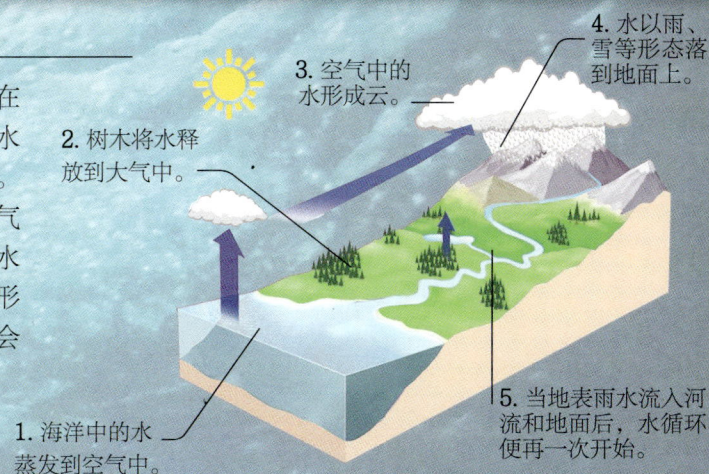

3. 空气中的水形成云。

4. 水以雨、雪等形态落到地面上。

2. 树木将水释放到大气中。

1. 海洋中的水蒸发到空气中。

5. 当地表雨水流入河流和地面后，水循环便再一次开始。

11 许多动物在水中比人游得更快，因为它们有流线型的鳍和蹼。在18世纪50年代，美国开国元勋本杰明·富兰克林发明了第一双游泳蹼，不过它们是戴在手上使用的，而现在一般戴在脚上。

12 希腊神话中与水有关的著名的神是海神波塞冬——海洋之王。当他愤怒时，他会使大海上的船只沉没。由于可以引发灾难性地震，他也被称为"撼地者"。

13 水下的文物比世界上所有博物馆的展品加起来都多。大量的宝藏遗失在海洋中。如果海底所有宝藏都被挖掘出来的话，其价值估计可以给世界上每人发6英镑（约54元人民币）。

13½ 人能在水上行走吗？冲浪也许是最接近人类征服海浪的方式，但动物王国中的许多生物能够实现这一壮举。钓鱼蜘蛛和一些昆虫（如水黾）就可以在水面上跑，这要得益于它们较小的体形和特殊的身体结构。

1 全世界约有8000项运动和比赛。大多数人都是为了娱乐和锻炼而运动，但运动也可以盈利。2015年，拳击手弗洛伊德·梅威瑟赚了2.85亿美元（约20.19亿元人民币）。

2 空手道意味着"空手"——这种武术的唯一官方装备是棉布制服，或空手道服。腰带的颜色代表选手所达到的水平。

5 当棒球被球棒击中飞出的时候，瞬时速度可以达到193千米/时。棒球以软木为球心，外层用橡胶包裹，再包裹一层纱线，最后用皮革覆盖。

3 篮球是在1891年发明的一项运动。16世纪的阿兹特克人发明了一种游戏，不许用手，只能用头部、肘部、膝盖或臀部，将一个坚实的橡皮球投进一个小石头圈。

4 早期的橄榄球是李子形的，用皮革包裹在一只发臭的、黏糊糊的猪膀胱上。人们在猪膀胱上插一根管，用嘴往里吹气，膨胀成球。

6 戴拳击手套是在1867年才强制实施的。在古希腊，战士们会给手缠上兽皮条。古罗马角斗士为使出拳更猛，还在手上佩带金属。

7 掷链球是在1900年奥运会上添加的项目，当时，这是一项仅限男子参加的项目。7.26千克的链球被投掷的最远距离是86.74米，这个距离是跳远世界纪录的10倍。

体育世界

从全速短跑到冲浪和足球，运动可以测试一个人的技能、力量和耐力的极限。一项运动必须有规则和最终结果（输赢或结束），但如果你没有合适装备的话，那运动在你还没开始时就已经结束了。

8 除了击剑、网球和橄榄球，篮球是残疾人轮椅运动的四项运动之一。这些专用轮椅有倾斜的轮子，所以不会轻易翻倒。

9 美式足球的护甲是用塑料包裹的吸震泡沫制成的，可用于保护胸骨和肩膀。当一个165千克的球员压在你身上时，它绝对是至关重要的。

台球

10 12世纪传教士发明网球时，是用手掌击球的。现在的网球拍是用强韧的轻质碳纤维材料制成的，以减轻击球时的疼痛感。

高尔夫球

羽毛球

11 碳纤维运动假肢使截肢短跑运动员在11秒钟内能跑完100米短跑。当"脚"撞击地面时，金属刀片部分被施压，然后像弹簧一样反弹以推动运动员前进。还可以在刀片上安装钉子，以便抓牢跑道。

12 从埃及发现的瓶子和大理石球表明，保龄球早在公元前3200年就得到了人们的喜爱。现代的十柱保龄球起源于1841年的美国，是为避开当时对九柱保龄球的禁令而发明的。

冲浪板

板球

13 足球是全世界最受关注的运动，有35亿人观看了2018年的世界杯。足球的出现源于一次大型的集体活动中，整个城镇的男人把一个膨胀的猪膀胱当成球一起追逐着玩。

13½ 据说马拉松是以公元前490年送信人从马拉松战场到雅典的距离为基础，全程大约40千米。现在的马拉松赛距是1908年奥运会确定的，全程42.195千米：从温莎城堡到伦敦奥林匹克体育场的距离。

1 昆虫是节肢动物，节肢动物是一个数量巨大、种类繁多的群体，包含蜘蛛、蝎子、甲壳类动物和蜈蚣等。昆虫有6条关节腿，由外骨骼保护的3段身体，以及2个敏感的触角。

2 大多数昆虫体形都很小，如跳蚤和虱子，肉眼几乎看不到。有些很小的昆虫甚至需要用显微镜才能观察到。雄性果蝇的长度仅为0.1毫米，差不多是一个句号的四分之一大。

3 蜻蜓是昆虫世界的"飞翔之王"，飞行速度可达到48千米/时，它们视力出色，可以在空中捕食猎物。

4 甲虫占所有昆虫种类中的三分之一，事实上地球上每4只动物中就有1只是甲虫。这只鹿角虫就是约40万种甲虫中的一种。在交配季节，雄性鹿角虫会用鹿角状的下颌来争夺雌性。

5 大多数成年昆虫只能活几天或几周，但白蚁蚁后——蚁群中负责产卵的雌性，可以统管蚁群半个世纪之久，它每天可产卵30000枚卵。

昆虫入侵

昆虫大概是地球上最成功的动物，从潮湿的沼泽到干燥的沙漠，它们在各种栖息地都能够繁衍生息。至今发现的150万种的动物中，超过100万种是昆虫，也许还有数百万种昆虫有待人们去发现。

6 毛虫是蝴蝶和飞蛾的幼虫阶段。它们咀嚼大量的叶子作为主要食物，一些毛虫在短短几周内就可以吃掉超过自己体重27000倍的食物。

这只黄蜂醒目的黄黑色是一种保护色，用于警告其他昆虫它是危险的。黄蜂也有许多不同的颜色，包括棕色、金属蓝色和鲜红色。

7

8 帝王蝶每年都会进行大规模迁徙。为了度过冬季，它们每年要从加拿大迁徙到墨西哥，这是一次令人难以置信的长达4500千米的旅行。

昆虫的外骨骼由几丁质（壳聚糖）构成。这只瓢虫纤薄透明的鞘翅和坚硬带有斑点的翅膀都是由这种多功能的物质组成的。

9

10 一群蝉可以产生高达100分贝或更高的声音，几乎和摇滚演唱会现场一样吵。它们不是用嘴巴发声，而是通过收缩腹部肌肉来发声。

11 大沙螽（zhōng）是自然界最大的昆虫之一。迄今为止发现的最大的一只沙螽，其体重可达71克，相当于老鼠的3倍。沙螽是一种濒危物种，仅在新西兰被发现。

一只怀孕的雌蚜虫不仅怀着它的女儿，还怀着它的外孙女。因为怀孕的雌蚜虫体内所发育的蚜虫，其内部也在孕育着生命。

12

13½ 你可能认为最危险的昆虫是那些有致命毒液的昆虫，但其实人类更应该担心的是沙漠蝗虫。沙漠蝗虫进食时，可以摧毁大面积的粮食作物，造成当地饥荒。

生物学家估计，地球上可能存在约10万兆只蚂蚁，相当于平均一个人类对应着140万只蚂蚁。蚁群中蚂蚁的行为就像单一有机体或"超级有机体"一样，它们为实现共同的目标而一起工作。

13

著名法老

法老图坦卡蒙以他坟墓里惊人的陪葬品而闻名世界，古埃及人的寿命较短，他们相信轮回转世，认为灵魂是可以永生的，坟墓里的宝藏可以供他在下一个轮回世界使用。

1 古埃及文明发源于约公元前3000年的尼罗河流域，并经历了超过3000年的繁荣时期。法老位于古埃及社会的顶层，他是古埃及的最高统治者，被当作神来崇拜。

2 公元前1333年，图坦卡蒙成为法老，并于10年后去世。他的木乃伊被发现时戴着一个坚实的黄金面具，这个面具是他的脸部的真实肖像，重达10.2千克。

3 图坦卡蒙的坟墓在卢克索城附近的国王谷中沉睡了3000多年。直到1922年英国考古学家霍华德·卡特发现它，并花了10年时间才完成对坟墓中的陪葬品进行编目的工作。

4 制作木乃伊需要70天。首先将人体内脏取出，然后将身体洗净，并用泡碱（用来制作小苏打的天然碱矿成分）覆盖使其脱水干燥。内脏也会经过处理保存下来，然后包裹着亚麻和稻草放回身体内。

5 古埃及人之所以热衷于把法老的尸体制成木乃伊，是为了使他们可以转世重生。他们相信死者已经走上了神奥西里斯之境，在那里他们将接受审判，以判断是否配得上永生。

6 木乃伊通常被亚麻绷带包裹，解开后，这些亚麻绷带长达1.6千米。在19世纪的英国，科学界有时会举行公开解开木乃伊的活动。

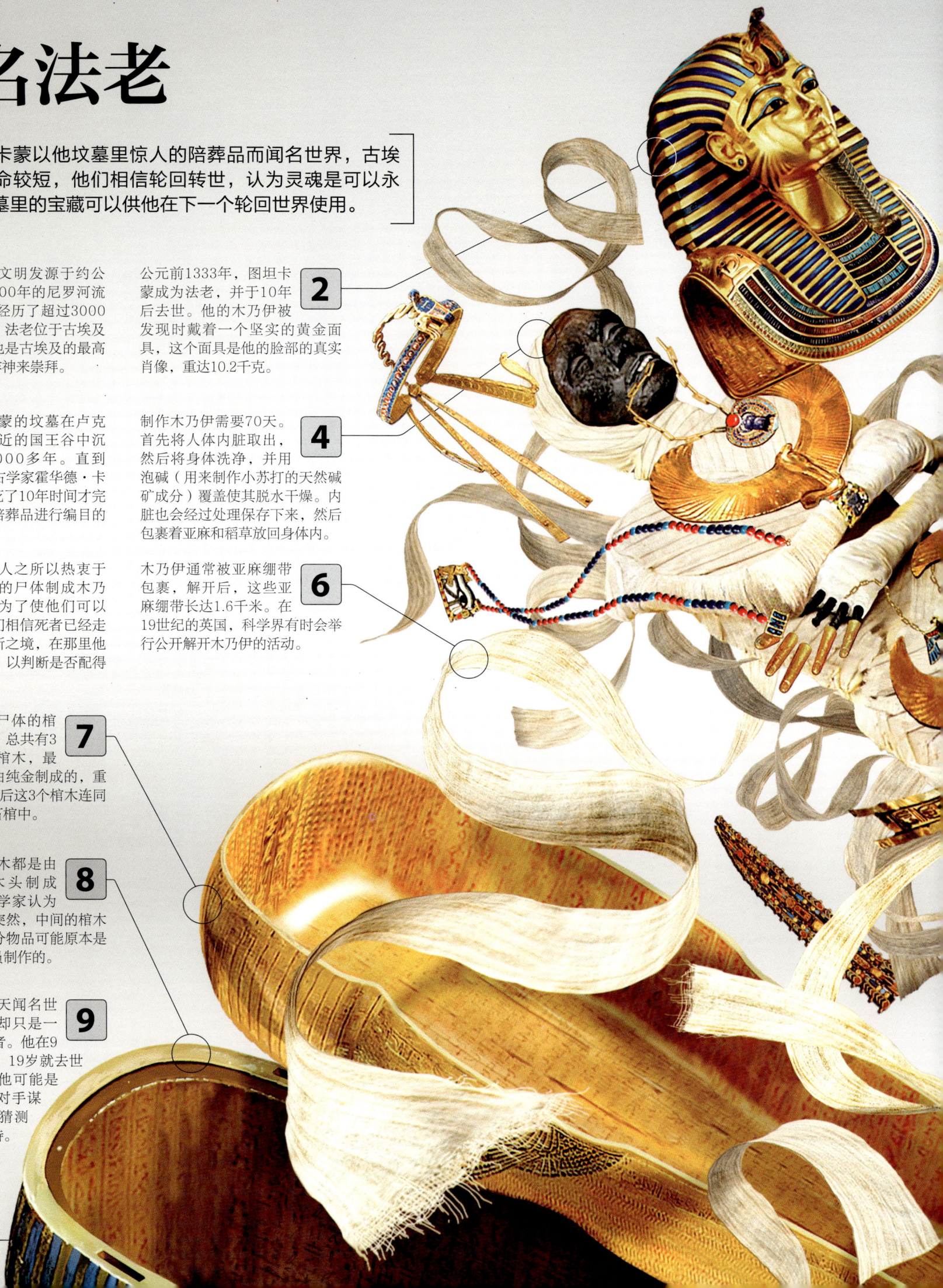

7 放置图坦卡蒙尸体的棺木一个套一个，总共有3个大小不一的棺木，最里面的棺木是由纯金制成的，重达110千克，最后这3个棺木连同尸体都被放入石棺中。

8 另外两个外棺木都是由镶嵌金叶的木头制成的。一些历史学家认为他的死亡比较突然，中间的棺木和坟墓里的部分物品可能原本是为其他皇室成员制作的。

9 图坦卡蒙在今天闻名世界，但在当时却只是一个普通的统治者。他在9岁时当上法老，19岁就去世了。有人猜测他可能是被争夺王位的对手谋杀了，但这个猜测并没有证据支持。

10 图坦卡蒙的坟墓里有他在转世后可能会用到的所有物品，包括食物和饮料、衣服和凉鞋、金色家具，以及6辆战车等。这是历史上发现的唯一一个完整的埃及皇家古墓，其余的都已被盗墓者洗劫过。

11 图坦卡蒙的双手握着一条弯钩和枷锁。这些农具是权力和权威的象征。他的死亡面具显示他戴着法老的头饰（条纹头饰）和假胡须。

12 护身符（小装饰品）常常会被放置在包裹中，以保护死者在转世的途中不被伤害。图坦卡蒙的包裹里总共发现了143枚护身符。

13 DNA测试表明，图坦卡蒙生前得了一场非常罕见的病，这场病使他的臀部和脚发生了变形，使他走路时会有困难。也许正因如此，他的坟墓里有130根拐杖。

13½ 我们常常将木乃伊与古埃及人联系起来，但古埃及人并不是唯一的木乃伊制作者。南美智利的新克罗人早在7000年前就将死者制成木乃伊，比埃及人早将近2000年。

苍蝇嗡嗡

大多数人通常将苍蝇看作是噪声制造者，病毒携带者，非常烦人的害虫——就像这里展示的这只家蝇一样。目前已发现超过16万种苍蝇，其中有一些是比较危险的，但大多数不会给人类造成麻烦。相反，有些对人类非常有用。

1 虽然会飞的昆虫已经在地球上出现了很久，但是在2.5亿年前才出现第一批真正的苍蝇。苍蝇不像其他昆虫那样有2对翅膀，它们只有1对翅膀。

2 家蝇能以每秒200次的速度振动它的双翅，无论是上下、侧身，还是后仰飞行，速度都可以达到8千米/时。

3 当一只家蝇停留在污垢或腐烂的食物上时，它身体上的刚毛可能携带多达2900万个细菌。苍蝇可以传播多种疾病，严重的包括霍乱和伤寒等。

4 蚊子是所有飞蝇中最危险的，因为这种吸血昆虫可以传播疟疾，这种病导致每年有超过40万人死亡。

5 中美洲和南美洲的大虻是世界上最大的飞蝇。它的身长可达8厘米，比你的掌心还要大。

6 苍蝇可以在天花板上自如地行走，是因为它们脚上的黏性垫和小爪子可以帮助它们固定在物体的表面。此外，它们的脚和腿上也有味蕾。

7 苍蝇有复眼，每只眼睛有4000多个"小眼睛"，有利于全方位观察。如果苍蝇看到一个迎面而来的苍蝇拍，它可以在千分之一秒内迅速逃脱。

8 一只雌性蝇在它将近30天的寿命期内可产下900个卵。如果一对家蝇在合适的条件下不间断繁殖，在5个月内可以繁殖超过10^{18}个后代。

9 家蝇用短粗的触须来探测气味，它可以探测到大约1千米以外垃圾场或农场里的食物散发出来的气味。

10 有一种蚊子能在冰冷的南极大陆上存活，这种微小的南极蠓在身体被冻结成固体时依然能保持活力。虽然它是真正的蚊子，但却没有翅膀。

11 家蝇在体外消化固体食物。首先它会伸出口器，然后将唾液和消化液吐在食物上，在唾液和消化液的作用下食物溶解变成液体营养物。然后它再伸出口器，把营养物吸下肚。吸食过程中口器被卷起，所以只能看到毛茸茸的尖部。

12 医生有时会使用蛆或者蓝蝇的幼虫进行伤口护理。这些放在伤口上的蛆可以迅速吃掉死亡组织，从而加速伤口愈合。

13 国际空间站设有果蝇实验室，航天员使用昆虫作为生物模型来研究太空飞行的长期影响。

13½ 回忆一下你是否曾经被家蝇咬过？肯定没有，因为苍蝇的海绵状口器是不能咬人的。但有一些看起来跟家蝇长得相像的苍蝇是有牙齿的，可能会咬人。

伟大智慧

哲学在希腊语中的意思是"对智慧的热爱"。在这个研究领域，哲学家们提出了许多有关存在和现实的问题，来加深人类对世界的理解。这里我们列举了历史上一些最伟大的思想家思考的问题。

1 哲学始于古希腊人，当时最伟大的思想家苏格拉底希望人们通过哲学来认识自己。在公元前399年，他因"思想腐蚀年轻人"的罪名被判处流放或死刑，最终他选择饮下毒堇汁而死。

2 古希腊哲学家柏拉图关心"什么是美"的问题，这个问题今天仍充满争议。他还强调通过推理来思考问题的重要性。公元前387年，他在雅典开设了柏拉图学院，被认为是欧洲第一所大学。

3 亚里士多德是柏拉图的学生。他是一位伟大的学者，教授人们用系统的推理方式解决问题。他也是一位伟大的科学家，对动物的生活十分着迷，他建立了早期动物园的之一，里面养了许多外来珍奇动物。

4 中国古代哲学家孔子主张以"仁"为核心的道德思想体系。他是儒家学派的创始人，其思想在中国影响极其深远。公元前136年，汉武帝用儒家思想治理国家。1300多年来，中国官员必须参加基于孔子的思想和主张的科举考试。

5 佛教的创始人是佛陀，相传他在一棵神圣的菩提树下参悟49天，最终顿悟成佛。佛教也是一种哲学，它的主要思想之一是"中道"——对宗教的绝对信任，或对所有事物保持怀疑，这两种方式都无法找到真相，只有在两者之间才能找到真相。

6 托马斯·阿奎那（1225—1274年）出生于意大利一个贵族家庭，也是一名多米尼加修士。当宗教与科学和哲学发生冲突时，他倡导人们先放下争议，通过一起工作来互相帮助，解决问题。因为在教会担任学者期间的伟大贡献，他后来被基督教会奉为圣人。

7 1637年，伟大的法国哲学家和数学家勒内·笛卡尔写道："我思故我在。"他曾经怀疑过一切，包括他自己的存在。不过后来他找到了答案：既然自己能思考和怀疑，这就已经可以肯定自己的存在。

8 18世纪，一场名为启蒙运动的文化运动席卷了欧洲。它呼吁人们解放思想、独立思考，倡导自由言论。德国哲学家伊曼努尔·康德的口号是："请鼓起勇气来！去利用自己的理智！"

9 英国人约翰·洛克是另一位启蒙思想家，他认为每个人都"拥有"自己，所以每个人在自然状态下都是自由而平等的。他的思想对美国独立宣言有极大的影响。

10 在伦敦大学学院，你可以找到18世纪英国哲学家杰里米·边沁的遗体。他的遗体身着自己的衣服，头部是一个仿制蜡像，被放在一个橱柜里。他是功利主义哲学的创始者，认为我们应该促进"大多数人的最大幸福"。

11 你如何决定在生活中做些什么？德国哲学家弗里德里希·尼采（1844—1900）认为每个人都应该自己做出选择，而不是倾听别人的意见。他希望人们充分体验生活去成为"超人"。当然，他的超人哲学并不是想让人们穿着斗篷在高空飞翔，而是希望人们重新思考人生的意义，成为非常棒的艺术家、思想家或领导者。

12 法国哲学家让-保罗·萨特（1905—1980）认为我们可以在两种生活方式中进行选择，这最终取决于我们自己的决定。要么我们按照其他人认为的我们应该的方式生活，要么我们可以选择"不同于大多数"，但适合我们的生活，并在其中找到生活的意义。

13 西蒙娜·德·波伏娃（1908—1986）是一位法国哲学家，也是女性主义的先驱。她认为，社会总期望女性以某种方式行事，但女性天生的特征与这种社会期望是不相符的。

13½ 哲学提出了很多问题，但答案在哪里？事实上，你找不到任何明确的答案。哲学不像科学那样答案明确且可以反复证明。很多情况下，十几个哲学家可能会给同一个问题提供十几种不同的答案，或者根本就没有答案。

健康美味

食物是我们身体所需的重要"燃料"。我们吃进去的每一种美味都为我们提供能量，使我们保持温暖，让我们的身体壮壮成长。经典的美式牛肉汉堡就包含了许多多重要的食物构成。

食物构成主要为以下大类：碳水化合物（淀粉类食物，如意大利面、米饭和土豆），蛋白质（肉、蛋、豆类），牛奶和乳制品，水果和蔬菜，脂肪和糖。不同国家的建议不尽相同，但大多数专家认为，健康的饮食中至少有1/3应该由水果和蔬菜组成，而脂肪和糖应该少量摄入。

这张食物构成图显示每种食物类别在日常饮食中应占的比例。

蔬菜和水果 · 面包和谷类 · 脂肪和糖 · 蛋白质 · 牛奶和乳制品

1 面包是用小麦做成的主食，主食构成了人们食物中的绝大部分。不同的国家用不同的植物作为主食，比如小麦、玉米和大米。这3种植物为全世界提供了一半以上的能量。

2 美国的餐馆每年消费约90亿个汉堡，相当于平均每天在全美国的麦当劳快餐连锁店每秒销售75个汉堡包。

3 蛋黄酱是由蛋黄和油混合而成的酱。一勺蛋黄酱含有约90卡路里的热量，相当于一小盘沙拉等的热量。

4 芥末酱味道有点辣，但实际上跟许多加工食品一样，其中添加了糖。一勺番茄酱比一块巧克力饼干所含的糖更多。

5 全世界每年有约13亿吨食物被丢弃，占食物总产量的1/3。而与此同时，全世界有1/9的人口在忍受饥饿，还没有达到温饱。

6 水果和蔬菜中含有重要的维生素，也含有大量的水分。我们从这些食物中摄取的水分约占人体水分摄入总量的20%。

8 人类在7500年前就开始挤奶。从那以后，牛奶就被用来制作各种乳制品。比如图中这种奶酪。丹麦人吃掉的奶酪最多——2016年，平均每个丹麦人吃掉了28.1千克的奶酪。

10 今天，我们通常将番茄酱与番茄联系起来，但早在18世纪，它却是由蘑菇、海鲜或坚果制成的。

13½ 有谣言说在睡前吃奶酪会做噩梦，但至今并没有证据证明这一说法。但是，高脂肪食物很难被人体消化，所以在睡前吃东西可能会影响夜间睡眠质量。

7 腌渍、盐渍、脱水和冷冻都是防止食物变质的方法。我们日常时吃的泡菜就是通过把蔬菜放进醋或盐水中的方式来保存。

9 和生肉相比，熟肉可以为我们提供更多的能量，并且更容易消化。学会烹任使我们的大脑变大——我们的祖先在180万年前学会了烹任，并经历了一次脑容量的激增。

11 2013年，科学家公布了在实验室里"生长"出来的第一个汉堡。肉饼是用从牛细胞培育出来的牛肉做成的，价格惊人，高达325000美元。美食评论家对它的评价褒贬不一。

12 未来，我们也许会吃昆虫。因为它们占用更少的土地和资源，且对环境的破坏比牲畜少。事实上，世界上已经有20亿人将昆虫作为日常饮食的一部分。

13 一些史前时代的古代食物被挖掘出来。考古学家在挖掘格鲁吉亚的一个坟墓时，发现了已经保存了5000多年的古老的蜂蜜，并且它现在仍然可以食用。

传递消息

如果我想要告诉你一些事情，那我应该怎样做才能把我的信息传递给你呢？从像古罗马人那样发送信件，到击鼓来警告敌军入侵，还有很多传递信息的方式。

1 在古希腊，信鸽常被用来宣布奥林匹克运动会的冠军，但在近代，它们却挽救了很多人的生命。第一次世界大战期间，一只名叫谢尔·阿米的鸽子尽管受了重伤，依然携带着信件飞行了40千米，最后挽救了194名美国士兵的性命，被授予奖章奖励它的勇敢。

2 早在公元前800年，中国长城上的卫兵就通过发出烟雾信号来警示侵略者来袭。古希腊时期，人们曾设计出烟雾字母表，用来传递特定的信息。

3 臂板信号是另一个早期的信息系统：在18世纪，法国发明家克劳德·查普建造了一种塔，塔上装有可活动的"臂板"，通过改变这些"臂板"的摆放位置来发送信息。现代臂板信号系统使用旗帜发送信号。在海上，旗帜是红色和黄色的；在陆地上，旗帜是蓝色和白色的。

4 1816年，电报揭开了电子通信的序幕。用户只需点击消息，这些消息就可以以电信号的形式通过电线发送出去。1858年，第一条跨大西洋的信息通过海底电缆传送，它的速度虽然比船的航行速度（约10天的旅程）快，但仍需16个小时才能通过莫尔斯电码完成传输。

5 莫尔斯电码使用短和长信号（点和横线）来表示字母或数字，它可以快速发送电报信息。在电报机发明之前，信息都是用文字记录，而利用莫尔斯电码，电报机可以用孔来表示点和横线的位置，从而传递信息。

6 第一台电话诞生于1876年。1878年，最古老的电话簿只列出了391个人的姓名，但其中并没有电话号码：那时候联系某人时需要首先打电话给接线员，然后让接线员帮忙转接。

7 1913年，当美国的邮递业务兴起时，几乎所有东西都可以通过邮递的方式寄送。在俄亥俄州，花15美分就可以把一名男婴送到他的祖父母家。

8 1895年成功地进行了以无线电波传播信号的实验，之后加拿大发明家范信达又花了约11年的时间从马萨诸塞州播出了第一个广播娱乐节目。今天，最受欢迎的电台是在全世界拥有数百万听众的BBC全球服务电台。

9 手持式双向收音机出现于20世纪30年代，但这个技术被大家所知，源于一台像背包一样穿在身上的手持无线电话。得益于第二次世界大战期间美国军队的发明，这台手持无线电话其实是一个带电话接收器的2千克重的金属盒，可以用来拨打和接听电话。

10 1926年，苏格兰发明家约翰·罗杰·贝尔德率先推出了机械式"电视机"的概念。1934年，美国人菲洛·法恩斯沃思展示了他的电视机，同年，第一个电视台成立。第一则电视广告播放于1941年的美国纽约，一家手表公司在棒球比赛前插播了一则广告。

11 两颗通信卫星于1962年和1963年被发送到太空，在大西洋上传播电视和电话信号。今天它们仍在轨道上，不过已经报废了。在那里还有数百个卫星正在接替它们继续完成信号传递的工作。

12 DynaTAC是1984年摩托罗拉生产的第一款商用手机，也是世界上最早的手机。它像砖头块一样大，重达1千克，且价格高达3995美元（约28260元人民币）。

13 万维网诞生于1991年。那时候，大多数人都不知道它是什么，但今天全世界有超过30亿因特网用户和10亿个网站。电子邮件比万维网的出现早20年：第一封电子邮件于20世纪70年代被发送出去。

13½ 你可能会认为手机是一种现代通信方式，但其实移动通话是一个很古老的想法，汽车电话的出现可以追溯到1946年！这种重型手机还需要与固定在车内的36千克重的箱子相连接。在20世纪80年代，它们比当时的手机更受欢迎，但现在已经不复存在。

1 90%的岩石是火成岩（又叫岩浆岩），它们由地球内部的岩浆冷却凝固而成。有时候岩浆会以很大的冲击力喷出，同时产生很多气泡，当含有气泡的岩浆冷却变得坚硬时，就形成了一种多孔的火成岩，即"浮石"，它非常轻，可以漂浮在水面上。

2 火成岩在冷却的过程中，会形成可见的晶体，花岗岩（火成岩的一种）中常常能看到晶体。黑曜石冷却得非常迅速，以至于没有晶体形成。这种"火山玻璃"非常尖锐，甚至可以被用作外科手术刀。

黑曜石

4 燧石是石英的一种矿物形式，主要产生于沉积岩中。它破裂后会成尖锐的碎片，史前人类用它们来制造工具和武器。

沉积岩是由沙粒、泥土或生物残骸形成的。颗粒状的物体沉积在海洋或河流的底部，随着时间的流逝而变硬，就形成了层状沉积岩。例如砂岩，就是由沙子形成的。 **3**

大理石是一种变质岩。它是石灰石在地下的高温、高压作用下转化而来的。"变质"（metamorphic）一词来自希腊语，意思是"改变形式"。 **5**

岩石明星

岩石是由矿物组成的，是构成地球岩石圈的基础。地球上已知的矿物有5000种，其中大多数岩石由30种矿物构成。岩石有3种类型：火成岩、沉积岩和变质岩。

6 用于黑板上写字的粉笔曾经由白垩制成，这是一种由海洋生物形成的沉积岩，其中含有矿物质方解石。现代粉笔是由矿物石膏制成的。

动植物的遗体形成沉积物，因此大多数化石都埋藏在沉积岩中。如三叶虫在距今5.2亿至2.5亿年前生活在地球上的海洋中。 **7**

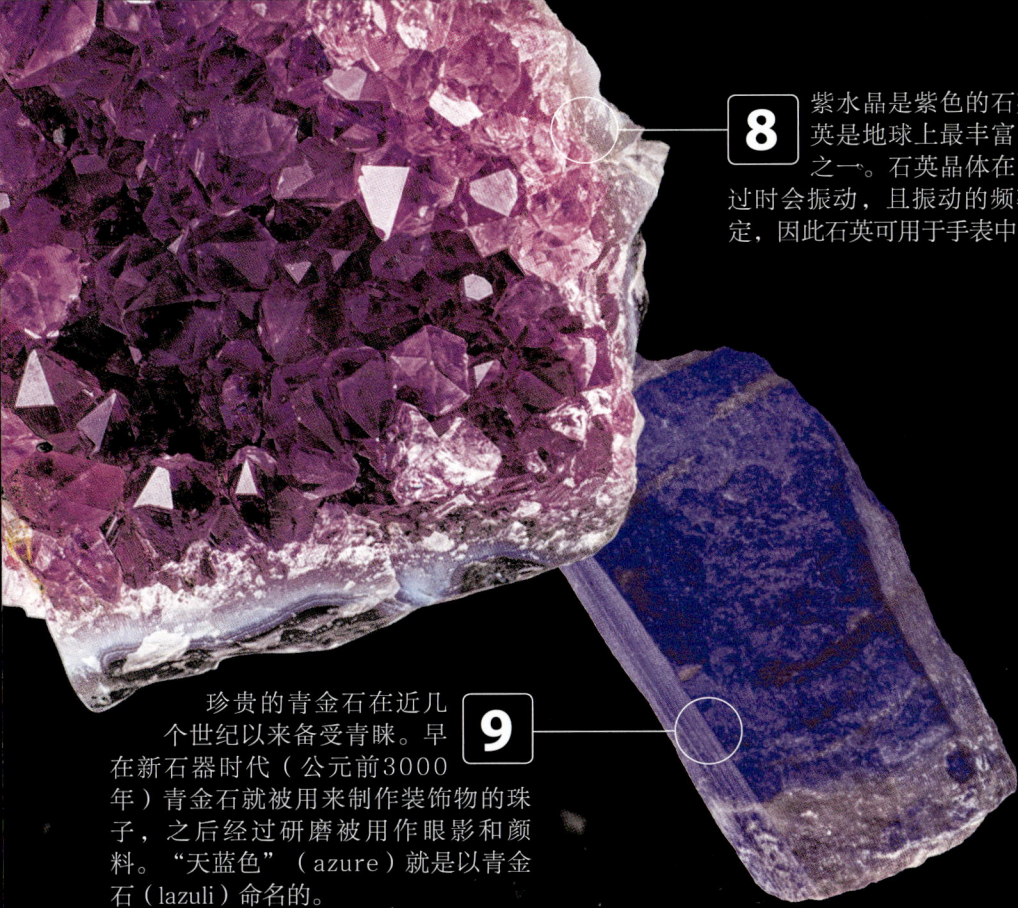

8 紫水晶是紫色的石英，石英是地球上最丰富的矿物之一。石英晶体在电流通过时会振动，且振动的频率很稳定，因此石英可用于手表中。

9 珍贵的青金石在近几个世纪以来备受青睐。早在新石器时代（公元前3000年）青金石就被用来制作装饰物的珠子，之后经过研磨被用作眼影和颜料。"天蓝色"（azure）就是以青金石（lazuli）命名的。

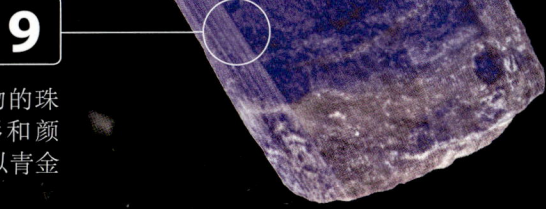

10 闪闪发光的晶体中往往含有许多矿物质，这些矿物晶体是由液体化学物质结晶而成的，晶体的形状取决于原子排列的方式。铬铅矿是由铅和铬组成的矿物，它是一种四面晶体，通常呈鲜红色。

11 黄铁矿是淡黄色的立方体晶体，这种颜色赐予它"愚人金"的绰号。因为黄铁矿与铁碰撞时会产生火花，所以用希腊词"火"来命名。在16世纪，它被用来给枪支点火。

12 在地球上发现了大约45000颗陨石，大部分是石质陨石，比如图中这个八面体陨石，只有5%的成分是铁元素。陨石缓慢冷却可形成长形晶体，这些陨石矿物组成与地核的矿物成分相同（铁和镍），但在陨石中也发现了40多种地球上没有的矿物成分。

13 玉石有硬玉和软玉之分。在中国古代，人们认为软玉可以防止尸体腐烂，因此被用来制作皇室贵族死后的丧葬礼服。

13½ 你可能会认为所有的岩石都很硬，其实不然。黏土是一种沉积岩石，只需加水就能使它变得柔软，可以被人捏、压，或放进磨具中，形成各种形状。烘烤过后就会变硬，成为你想要的东西，陶瓷就是这么制作的。

时间流逝

对我们来说，确认时间是一件很方便的事情。抬起手腕，我们就能知道是否准时、提前或迟到。古代的人们一直试图理解时间的流逝。时钟的发明使标记时间变得更容易。

1 古代的人们通过标记太阳在天空中的轨迹来记录时间，6000年前人们最早使用的日晷是插在地上的木桩，木桩在太阳光下的影子的方向指示着时间。

2 古希腊人和罗马人用水钟来记录时间。水钟里的水以相同的时间间隔从一个容器滴落到另一个容器中，类似于沙漏计时。

3 第一个机械钟表诞生于13世纪，但记录得并不准确。当时的机械钟表使用在链条上悬挂重物的方式来带动齿轮转动，每天大约快15分钟。

4 摆钟的发明将精确度提高到每天只误差几秒钟。它是由荷兰数学家克里斯蒂安·惠更斯在1656年发明的，利用一个左右摇摆的摆锤来保证时间间隔的准确性。

5 在手表内部，摆轮可以完成钟摆的工作。这个加重的轮子来回摆动，为转动指针的齿轮提供动力。

6 手表的机械零件安装在保护壳内。早期的手表被固定在衣服上，用链子挂在脖子上，或者放在口袋里。

7 表壳上的旋钮或表冠可调节指针。一些机械手表的表冠也用于给机械部件上发条。还有一些机械手表是通过佩戴者手腕自然摆动产生的能量自动上发条的。

8 虽然原子钟可以提供世界上最准确的时间，但遗憾的是你不能把一个原子钟戴在手腕上，它们是通过计算原子在不同能量轨道上跃迁时发出的电磁波而计时的。最新型号的原子钟的精确度可以达到3亿年误差不超过1秒。

9 女士们从19世纪初就开始在手腕上佩戴手表。直到第一次世界大战期间，士兵开始佩戴手表，至此之后手表才成为男士的常见装饰。

10 地球自转一周所需要的时间是一天。但是把一天分为24小时，又把一个小时分为60分钟却是人类的发明。这种时间划分系统可能来自古巴比伦人，但没有人知道它为什么会在全球传播。

11 手表的指针代表着时、分和秒。人类发明的第一个时钟只有一个指针，用来表示小时，直到17世纪90年代才出现代表分钟的指针。

12 现在的手表表盘有12个数字。但在法国大革命时期，表盘上只有10个数字，需切换到"十进制时间"，即每天10小时，每小时100分钟，每分钟100秒。这种方式非常不受欢迎，仅持续了18个月。

13 现代手表在深海和外太空中仍然可以正常工作。1965年，苏联航天员阿列克谢·列昂诺夫戴着手表在太空行走，这是第一个到达太空的手表。

13½ 一天是24小时吗？这取决于你如何定义一天。如果你通过太阳的位置来测量地球自转一圈的时间，一天确实是24小时（太阳日）。但如果你通过星的位置来测量地球自转一圈的时间，一天就只有23小时56分钟（恒星日）。

无脊椎动物是没有脊椎骨的动物，如昆虫、蠕虫、蜗牛和其他爬虫。世界上97%的动物都是无脊椎动物。 **1**

脊椎动物是有脊椎骨的动物。半数脊椎动物是鱼类。旗鱼以群体方式狩猎，它们一起攻击猎物，用长剑般的吻突捕杀尽可能多的鱼。 **2**

3 猫头鹰的大眼睛可以在昏暗的光线中锁定猎物。它们的眼珠不能转动，所以只能通过转动头部来环顾四周，它们头部的转动范围可达270度。

在所有动物中，雀尾螳螂虾具有最敏锐的色彩视觉。它们可以发现珊瑚礁上的猎物，然后用棒状的螯肢击中猎物。 **4**

猫蛛

5 许多以植物为食的昆虫食欲都非常旺盛。一个由4000万只蝗虫组成的蝗虫群，在一天内吃掉的食物约和35000个人的吃掉的一样多。

动物王国

令人眼花缭乱的动物王国涵盖了150多万种物种，从巨大的鲸到微小的蠕虫。它们分布在各个大陆和海洋，展现出惊人的生存技能和奇异的行为特征。

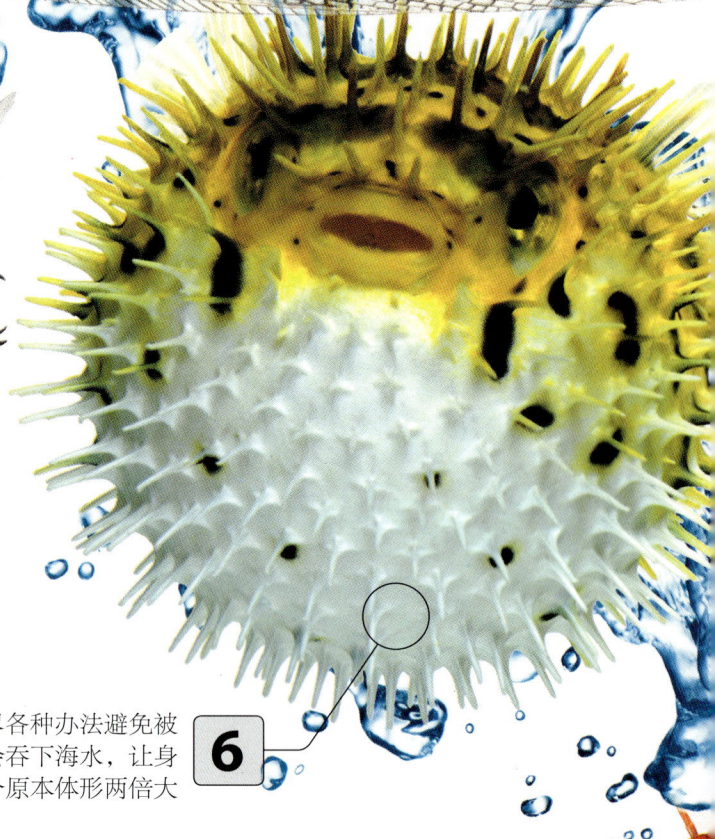

许多动物想尽各种办法避免被吃掉。刺鲀会吞下海水，让身体膨胀成一个原本体形两倍大的尖刺球。 **6**

7 有些动物的受伤部位可以再生。许多动物可以迅速修复身体部位，蝾螈甚至可以长出整个四肢。

8 体形最大的动物以一些体形小的动物为食，如蓝鲸会从海水中过滤出浮游生物并吃掉。它的大嘴可以吞下相当于其体重的海水量，但它的喉咙很狭窄，比沙滩排球大的食物就无法吞咽。

圆栉锉蛤

9 有些动物可以组成非常大的生物结构，甚至可以从太空中看到。位于澳大利亚对岸的大堡礁是世界上最大的珊瑚群，有长达2300多千米的珊瑚礁。

10 在近10000种爬行动物中，蛇的数量超过了三分之一。绝大多数蛇贴着地面滑行，但金花蛇会爬树、跳跃，它们将将身体变成S形，从树上跳下，甚至可以滑翔100米。

狮鬃水母

11 掠食性鱿鱼是行进速度最快的无脊椎动物之一。它们以40千米/时的速度冲向猎物，并用触须紧紧缠住猎物。

朱红霸鹟

12 许多动物有肌肉发达的四肢，可以在陆地上迅速奔跑或攀援。生活在马达加斯加的维氏冕狐猴除了在树枝间跳跃，还可以在地面上优雅轻盈地腾跃，两条腿还能侧着跳。

13 紫海胆用牙齿和坚硬的棘刺在岩石上挖出一个用于休息的洞。在挖洞的过程中棘刺会脱落，不过还会再长出来。但如果长出来的棘刺比挖出来的洞长的话，它就会被卡住，可能永远离不开洞了。

13½ 你可能认为所有的动物都会变老，但事实上并非如此。科学家发现，有一种灯塔水母可能永远不会因为年长而衰老死去。当它成年后又会开始变得年轻，然后再成年，再变年轻，这个过程会不断地循环。

蜈蚣

1 意大利罗马城派军团征服并控制地中海和西欧大部分地区长达500多年。到公元2世纪初，罗马帝国已经向北扩展到苏格兰，向东扩展到叙利亚。

2 罗马人建造了长达130000千米的公路，因此，罗马军团可以在帝国内迅速将部队调集到任何需要他们的地方。无论走到哪里，士兵都会把便利的罗马生活方式带到当地，比如排污系统、公共浴室和地下采暖等。

3 我们平时说的"世纪"，是100年的意思，来自拉丁文"centum"，意为100。但一个罗马百人队（centuria）却只有80名男性，由1名百夫长（centurion）担任指挥。

只有罗马公民才有资格穿上士兵的盔甲。士兵在20岁左右便签署了25年的契约，契约规定在此期间不许结婚，退休后每个士兵可分得一块土地。 **4**

5 军团给士兵所配的短剑很锋利，可以穿透骨骼和肌肉。这支剑是士兵与敌人近距离肉搏时的理想武器。但很多时候，敌人使用的刀太长使他们无法在近身革斗中有效使用短剑。

6 士兵们的头盔装饰着染成红色的马鬃或者羽毛。冠顶通常为纵向，但是百夫长的冠顶为横向，方便在战斗中辨认。

7 英语单词"salary"（意为：薪水）来源于罗马单词"sal"（意为：盐）。因此有人猜测，罗马用盐来支付士兵们的薪水。罗马人建造的第一条，也是最繁忙的道路被称为"Via Salaria"（意为：盐之路），从罗马一直延伸至亚得里亚海，当时很珍贵的防腐剂就在这条路上进行采购和交易。

8 一名罗马士兵的装备重约40千克，差不多和一个12岁的孩子一样重。除了盔甲、武器、盾牌和羊毛斗篷，他们还携带着挖掘工具、水瓶和烹饪用的平底锅。

罗马军团

像罗马帝国一样如此强大而训练有素的军团世间罕见。每个士兵（步兵）都像是战斗机器。整个军团的组织性和纪律性也是无与伦比的。

9 居住在罗马的非罗马公民可以以骑兵和弓箭手的身份加入军队，退休后可获得罗马公民资格。这些人被称为辅助士兵，在总数为45万人的作战部队中，辅助士兵大约占60%。

每位士兵都带着一个弧形的塔盾来保护他们的身体。当进攻堡垒时，士兵们会把塔盾举过头顶，远远看上去像有图案的乌龟壳，因此产生了罗马经典阵形"testudo"（拉丁语，意为"乌龟"）。

10

11 这个盾牌上有老鹰翅膀和闪电的图案，象征着罗马众神之王朱庇特（Jupiter）。罗马城受到朱庇特的特殊庇佑。每个军团的盾牌上都有自己的特殊图案。

12 罗马军团的纪律非常严明。逃兵的惩罚是最严重的，逃兵可能会被砍头，或被钉死在十字架上，或从一块很高的岩石上被抛下。如果一个军团发生整体反抗，那么军团中每10名士兵中会随机处死1名。

13 罗马军团的靴子非常结实，因为罗马士兵平均每天行进30千米。他们厚厚的鞋底上钉着钉子，鞋面像凉鞋一样。

13½ 虽然很多罗马士兵的雕像是赤脚的，但实际上他们穿着凉鞋，在寒冷地区有时还会穿上袜子。一封写给在英国北部哈德良长城服役的士兵的信中就提到了袜子，而且应他的要求，给他提供了两套内衣。

种子发芽需要适宜的温度和水分。即使在播种的时候放颠倒了，种子仍然会朝着正确的方向发芽。

向日葵种子

有些种子（如樱桃核）被多汁的果肉包裹着。动物吃下这些鲜嫩多汁的水果之后，会通过粪便将种子排出体外，达到远距离传播的效果。

2

超级种子

种子可以说是植物的"救生舱"。每一颗小小的种子都孕育着新生命。成熟的种子像是藏着一个"食品商店"，"商店"里储存的能量可以保证种子一直存活，直到在适宜的条件下生根、发芽，有的种子在发芽之前可能已经沉睡了很多年。

3 这些表面多刺的牛蒡种子很容易钩在动物的皮毛上，借助动物的移动从而进行异地传播。一位瑞士工程师看到带毛刺的种子粘在自己的宠物狗身上，从而灵感迸发，发明了尼龙搭扣。

4 种子是最早的太空旅行者。1946年，美国V2火箭上运载的玉米种子成为第一批被运送到太空的生物。

5 世界上最大的种子是海椰子的种子，它们重达25千克，比人的脑袋还要大。

番荔枝

6 这些炸开的豆荚属于一种叫"喜马拉雅凤仙花"的植物。当它被触碰时，豆荚会马上爆裂，猛烈地喷出种子，这些种子可以被弹射到12米远的地方。

7 蓖麻含有致命的蓖麻毒素。1978年，保加利亚的格奥尔基·马尔科夫，在伦敦街头被一名"路人"的雨伞尖"无意"刺中，随后中毒身亡。经调查，刺客用雨伞尖向他体内注射了一颗小蓖麻子弹。

荷花是一种水生植物，它的种子从一个大大的种荚里生长出来。种子成熟后落入水中被冲走。剩下的这个干燥、空洞的种荚可能会让有密集恐惧症的人感到不适。

8

莲蓬

英国传统游戏康克戏（Conkers）用到了欧洲七叶树的种子。玩家将这些有光泽的棕色种子干燥之后用绳子串起来，然后轮流用自己的欧洲七叶树种子串击打对方的种子串。

9

橡子

这种叫喷瓜的植物也让人非常惊喜。它的果实成熟后会爆裂，将一种浓稠的浆液喷得到处都是，种子随着浆液一并被喷出。

10

2012年，俄罗斯研究人员利用32000年前的种子种出了一株植物。这些种子在西伯利亚被发现，一直保存在冰冻的土壤深处，这些种子可能是被冰河期的松鼠藏起来的。

11

蒲公英种子很轻，容易被风吹散，并且种子上附有羽毛状的"降落伞"。依靠这个降落伞，它们可以被传播到至少10千米以外的地方。

12

石榴果实的每一粒种子都被包在一个叫作假种皮的肉质覆盖物中。果皮裂开后，鸟就可以带走种子。

13

石榴的假种皮

如果你不小心吞下一颗种子，不必惊慌，它不会从你的胃里长出来。你的身体也许能够提供温暖且潮湿的环境，但种子还需要氧气和阳光才能发芽。

13½

1 音乐不仅只是声音。它是少数可以调用整个大脑的活动之一，包括情绪控制和记忆功能。这就是音乐可以让你流泪，或者让你快乐得想跳舞的原因。

2 我们知道早期的人们使用木头和动物的皮来手工制作鼓、摇铃和长笛等乐器，通过这些乐器来创作音乐。在法国的一个史前遗址中，发现了一个由驯鹿的空心脚骨制作的口哨，已有4000年的历史。

3 古典音乐是17世纪发展起来的具有欧洲风格的音乐。奥地利神童沃尔夫冈·阿玛多伊斯·莫扎特就是一位伟大的古典音乐作曲家。1764年，年仅8岁的他写下了第一部交响乐。在他35岁去世时，已经创作了600多部作品。

4 大型场合的音乐表演需要乐队。一个管弦乐队通常由70到100个乐器组成，可以同时演奏弦乐器、打击乐器、铜管乐器、木管乐器以及钢琴。最响亮的乐器应放置在音量较小的乐器后面以平衡声音。2016年，一支由7548名音乐家组成的管弦乐队在德国法兰克福的一个足球场演出，创下了乐队表演人数最多的纪录。

5 1721年由意大利制琴师安东尼奥·斯特拉迪瓦里手工制作的小提琴是世界上最昂贵的乐器，这架小提琴在2011年的售价高达1600万美元（约1.1元亿人民币）。这位名叫安东尼奥的匠人制作了600多件乐器，以乐器卓越的声音品质而闻名于世。直到今天，依然没人能够超越他。

6 主流音乐风格往往源于民间音乐。在当今流行音乐中具有巨大影响力的是布鲁斯（又叫蓝调音乐），起源于美国南部的黑奴，是他们在被奴役时唱的歌。布鲁斯乐队演奏班卓琴、吉他和口琴等，有时还使用日常用品，如洗衣桶、水壶和瓶子等来充当乐器。

7 有派对的地方，就有音乐！巴西里约热内卢最大的狂欢节是世界上300支乐队上街演奏巴西传统音乐——桑巴。每年约有欢者伴着音乐跳舞。间，街上每天有200万名狂欢节期

音乐不停

音乐世界就像由不同流派音乐组成的巨型点唱机。从古典音乐、乡村音乐到摇滚音乐和雷鬼音乐，总有一种风格你会喜欢。快乐、伤心、兴奋或恐惧，没有什么能像音乐一样带给你不同的心情。

8 传统吉他音色很美，但发出的声音过于轻柔而无法成为主乐器。然而，在20世纪40年代，电子扩音器的使用使吉他的声音变得比原来响亮。

9 摇滚乐之王的称号无疑是属于埃尔维斯·普雷斯利（猫王）的。从20世纪50年代开始，作为有史以来最畅销的歌手，他共售出了超过10亿张唱片。他掺杂了乡村和布鲁斯元素的独特混音改变了整个流行音乐。尽管他已经于1977年去世，但目前仍然有8万人靠模仿他而生活。

10 人们喜欢唱歌，所以"卡拉OK"（karaoke）很快就流行起来。卡拉OK是日本鼓手井上大佑1971年发明的，karaoke的字面意思是"空管弦乐队"。2013年电影《冰雪奇缘》的主题曲"Let it Go"是今天最受欢迎的卡拉OK歌曲之一。

11 1977年，美国发射了"旅行者号"宇宙飞船去探索宇宙。宇宙飞船上携带一张含声音和图像的镀金光盘，如果发现外星人，光盘将向他们展示地球上包括音乐在内的丰富多彩的生活。光盘里录制了27首世界名曲，音乐风格广泛，从阿塞拜疆风笛到刚果歌曲，还有查克·贝里的摇滚音乐等。

12 迈克尔·杰克逊创作的音乐专辑 Thriller（中文名颤栗）是有史以来最畅销的唱片。自1982年发行以来，已售出超过6500万张。主打曲目中的僵尸舞蹈仍然是音乐史上最有名的音乐视频之一。

13 音乐可以带来可观的收入，2018年美国的音乐产业规模超过98亿美元（约683亿元人民币），其中现场音乐会门票销售贡献了最大份额。在2016年，畅销歌手布鲁斯·斯普林斯汀从他的世界巡回演唱会中收入2.683亿美元，碧昂丝紧随其后，收入2.564亿美元。

13½ 1993年，一项研究结果声称听莫扎特的音乐可以让人更聪明。于是，父母们在孩子出生之前就开始用莫扎特的音乐进行胎教。然而，"莫扎特效应"是短暂的，后来证明他的音乐对听众的智力并没有持续的影响。

超声速飞机

自从发明了动力机车，人类旅行的速度就越来越快了。在过去的70年中，交通工具的速度已经达到了超声速——比声音传播的速度（也被称为1马赫）还要快，超过1230千米/时。

1 第一个以超声速飞行的人是美国飞行员查尔斯·"查克"·叶格。1947年10月14日，他在离地面13.7千米的高空驾驶一架编号为X-1的子弹形的飞机，突破了声障。

2 在1997年10月15日，恰好是"查克"·叶格突破了声障50周年后的第一天，英国飞行员安迪·格林成为第一个使用陆上交通工具突破声障的人。那辆车使用了两个喷气式发动机，被叫作超声速推进号SSC。

3 迄今为止，只有两种超声速客机曾投入使用。一架是俄罗斯图波列夫公司生产的Tu-144飞机，另一架是英国和法国联合研制的协和号飞机。Tu-144飞机在1978年进行了最后一次商业飞行，而协和号的最后一次飞行是在2003年。

4 协和号退出历史舞台的一个重要原因是它耗油量很高。以一次从英国伦敦飞往美国纽约的航班为例，3.5小时的常规飞行，协和号燃尽了大约90000升燃油——相当于100名乘客每人消耗燃油大约900升。

当飞机速度接近超声速时，会在空气中引起空气波，形成短暂的云，被称为蒸汽锥。超声速会形成音爆，在地面上的人能够听到很大的声音。

6 当以超声速运动时，巨大的空气阻力会产生大量的热，机身（飞机表面）会受热膨胀高达30厘米。协和号工程师曾经把他的帽子放在了机身膨胀时出现的空隙中。结果当飞机冷却下来后帽子就被卡住了。

5

建造于美国的F/A-18F超声速大黄蜂喷气式战斗机，最高时速可达1915千米/时，这个速度大约是声速的1.5倍。

7

8 乘坐超声速飞机旅行的人是听不到音爆的。这是因为音爆是由于压力波形成的，而这个压力波是从飞机向外推的。

⌄ 音爆

移动物体推开物体前方的空气，能够形成压力波，就像移动的船只产生水波一样。当压力波以声速传播，但是物体移动的速度超过声波传播的速度，压力波就会聚成一团形成冲击波，进入耳朵中就是所谓的音爆。

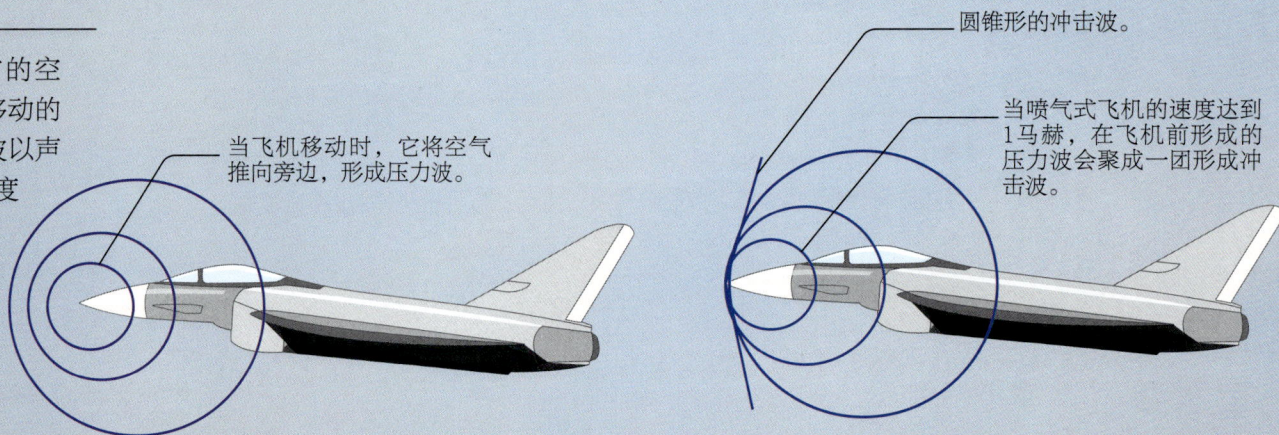

当飞机移动时，它将空气推向旁边，形成压力波。

圆锥形的冲击波。

当喷气式飞机的速度达到1马赫，在飞机前形成的压力波会聚成一团形成冲击波。

13½ 音爆似乎是瞬时性的，只有当飞行速度超过声速时才会产生音爆。其实不然，事实上只要飞机一直以超声速飞行，音爆就会持续下去。

13 "超声速"指的是速度超过1马赫，"极超声速"指的是速度超过5马赫（5倍声速）。曾经最快的飞行器是NASA的无人试验机X-43A。在2004年，X-43A的试验飞行速度达到了9.6马赫的"超高极超声速"，这个速度几乎是声速的10倍了。

12 在2017年10月14日，奥地利冒险家菲利克斯·鲍姆加特纳成为第一个从空中自由降落而打破声速的人。鲍姆加特纳从一个39千米高的太空舱中跳下，速度达到1358千米/时，超过了声速，随后他用降落伞安全降落。

11 流星是从太空进入地球大气层的岩石。它们以极高的速度撞向地球大气层，在下落时会产生音爆。不过因为它们离地球表面很远，所以造成的音爆很少被人听到。

9 挥动鞭子也能发出破裂声，是因为它非常细的尾尖的移动速度超过声速造成的。这个破裂声实际上就是音爆，这就是由超声速飞机形成音爆的微型版本。

10 当飞机的速度快要超过声速时（在声速以下，还未超过声速），飞机周围的空气压力迅速从高压变至低压，造成水蒸气在空气中凝结成云，形成蒸汽锥。

食物链条

动物需要吃食物——其他生物就是它们的早餐、午餐和晚餐。所有的植物和动物互相依赖，共同生存，它们在食物链中相互连接，每一个有机生物体都为下一级生物提供能量。

1 兔子是植食动物，夏季吃绿色植物，冬季靠树枝、树皮和松针维持生命。兔子的牙齿每一年会生长12厘米——但是它们会在进食的草地上用石英颗粒磨牙。

2 植物富含营养物质，但是很难消化。一只兔子的消化系统长达5米，它努力从草中汲取营养。兔子甚至吃自己的粪便，目的是使食物能够再次通过消化系统，不浪费食物中的营养物质。

3 食物链始于植物，它们吸收太阳光的能量，从空气中吸收二氧化碳，从水中汲取养分。这个过程被称为光合作用，植物每年通过光合作用能够从空气中清除超过1 000亿吨的碳。

4 很多植物保护自己的方式是通过生产毒素阻止捕食者吃掉自己。苜蓿的叶子在被压碎时会释放致命的氰化物，阻止蜗牛和其他的植食昆虫把自己当作食物。

数字金字塔

植物被植食动物吃掉，植食动物被肉食动物吃掉，能量就通过食物链进行了传递。但是生长和活动都是要消耗能量的，一些生物没被吃掉就死去，然后被分解，所以食物链传递的能量会减少。这就形成了生态系统中的"数字金字塔"。植物的数量最多，植食动物和肉食动物的数量较少，因为只有有限的能量提供给它们。顶端的捕食者是所有生物中数量最少的。

顶端的捕食者是生态系统中数量最少的。

肉食动物数量少于植食动物。

植食动物数量少于植物。

植物数量最多的。

8 食物链顶端的捕食者是指那些不会被其他动物所捕食的动物。这只红尾鵟（kuáng）在它所生活的北美农田和沙漠中是处在食物链顶端的捕食者。它猛地扑向猎物，用它锋利的爪子按住猎物的头和脖子。

9 肉是富含营养的食物，因此肉食动物通常比植食动物进食次数要少一些。鸟类可以每隔几天进食一次，而大型蛇类连续数月都无需进食。

10 很多动物捕食不同物种作为食物，所以独立的食物链汇聚起来就形成了一个复杂的食物网。与蛇类似，红尾鵟也吃老鼠、田鼠、鸟类和兔子等。

11 很多动物既不是严格的肉食动物也不是严格的植食动物，它们吃很多类型的食物，是杂食动物。棕熊是最大的杂食动物，饮食范围很广泛，从蔬菜、坚果、叶子到大马哈鱼和牲畜，它都可以吃。

7 蛇无法咀嚼食物，因此它们必须把猎物整只吞下。它们高度灵活的喉部能够张开到比它们的头还大。不过它们想要吞下一整只兔子还是需要花费超过两个小时的时间。

12 生物的遗体或者粪便所包含的营养会被真菌、细菌等分解者分解。如果没有分解者，地球将会被生物的遗体和粪便所包围。

6 响尾蛇能够用它们生长在头部颊窝中的"探热器"探知周围温度的细微变化。它们能够感知周围1米内兔子移动带来的温度变化。

13 从食物中摄取的能量很大一部分是用来维持自己生命的，但是有一些能量会消耗掉。小型的恒温动物会消耗超过90%的能量用于维持自身体温。

5 蛇捕食活体生物。毒蛇用有毒性的牙齿使被它困住的动物失去活动能力，并将其杀死。响尾蛇的毒液能够在10分钟内杀死一只兔子。

13½ 我们自认为人类是位于食物链顶端的动物——但其实人类是杂食性生物（我们同时吃植物和肉类），处于食物链中部的某个位置。人类有着文明和科技的优势，我们可吃我们想吃的食物，也不必担心成为其他动物的食物，但是真正食物链顶端的生物是只吃肉类的。

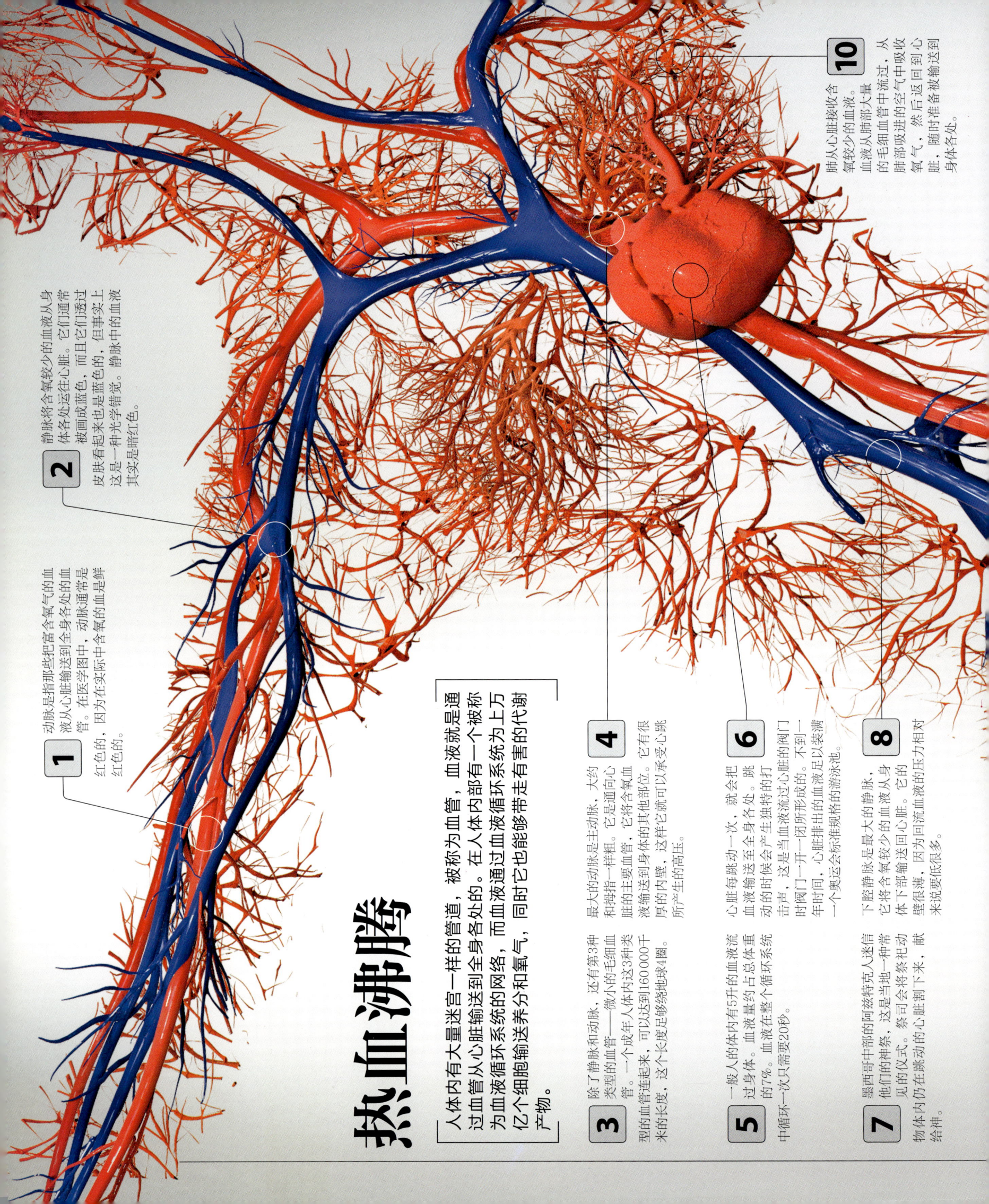

热血沸腾

人体内有大量像管一样的管道，被称为血管，血液就是通过血管从心脏输送到全身各处的。在人体内部有一个被称为血液循环系统的网络，而血液通过血液循环系统为上万亿个细胞输送养分和氧气，同时它也能够带走有害的代谢产物。

1 动脉是指那些把富含氧气的血液从心脏输送到全身各处的血管。在医学图中，动脉通常是红色的，因为它们通常中含氧的血液是鲜红色的。

2 静脉将各氧较少的血液从身体各处运往心脏。它们通常被画成蓝色，而且它们透过皮肤看起来也是蓝色的，但事实上这是一种光学错觉，静脉中的血液其实是暗红色。

3 除了静脉和动脉，还有第3种类型的血管——微小的毛细血管。一个成年人体内这3种类型的血管连起来，可达到160 000千米的长度。这个长度足够绕地球4圈。

4 最大的动脉是主动脉，大约和拇指一样粗。它是通向心脏的主要血管。它将含氧血液输送到身体的其他部位。它有很厚的内壁，这样它就可以承受心跳所产生的高压。

5 一般人的体内有5升的血液流过身体。血液量约占身体重的7%。血液在整个循环系统中循环一次只需要20秒。

6 心脏每跳动一次，就会把血液输送至全身各处。跳动的时候会产生独特的打击声，这是当血液流过心脏的阀门时阀门一开一闭所形成的。不到一年时间，心脏排出的血液足以装满一个奥运会标准规格的游泳池。

7 墨西哥中部的阿兹特克人迷信他们的神祇。这是当地一种常见的仪式。祭司会将祭祀活动物的心脏剖出在跳动的心脏割下来，献给神。

8 下腔静脉是最大的静脉，它将含氧较少的血液从身体下部输送回心脏。它的壁很薄，因为回流血液的压力相对来说是常低的。

10 肺从心脏接收含氧较少的血液。血液从肺部大量的毛细血管中流过，从肺部吸进的空气中吸收氧气，然后返回到心脏，随时准备被输送到身体各处。

11

每年，世界各地大约有1.12亿单位的血液被捐献给血库。每2秒钟就有一个处于危急状态的人需要输血。红细胞的保质期为35天，血小板的保质期为1周。

血液的组成

血浆
这种液体占血液的54%。

白细胞
血小板和白细胞加起来占血液的1%。

表面弯曲的细胞
红细胞的表面是弯曲的，所以它们有更多的表面积来吸收氧气。

红细胞
这些细胞占血液的45%。

血液是血细胞和血浆的混合物。血浆是一种液体。90%是水。剩下的10%是100多种溶解在里面的其他物质，如养分、废物和盐。血液中有3种血细胞：携带氧气的红细胞，通过破坏入侵的细菌和病毒来保护身体的白细胞，以及帮助愈合伤口的血液凝固并帮助受伤后的血液凝固的血小板。血液中红细胞、白细胞和血小板的配比约为600∶1∶40。

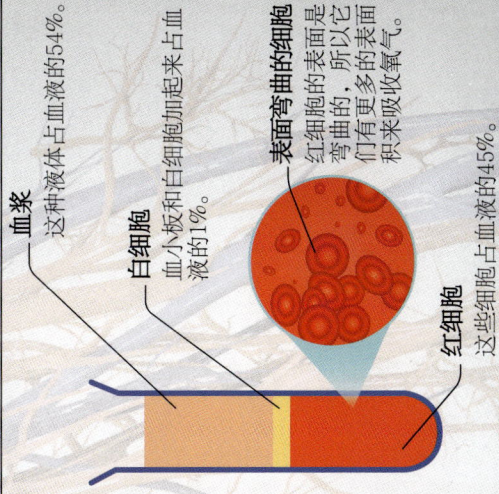

12

血液中的白细胞是在骨髓中生成的。骨髓是一种位于骨头空腔中的果冻状组织。每秒种有200万个血细胞死亡。每个血细胞可以存活120天。

13

放血疗法（从病人身上抽取血液）在早期医学中很常见，直到19世纪才停止。美国总统乔治·华盛顿（1732—1799）生病时，就进行过放血治疗。他去世的时候体内血液几乎减少了一半。

13½

我们总是把血和红色联系在一起，但是在动物的王国里，螃蟹的血是蓝色的，蟑螂的血是绿色的，蚯蚓和水蛭的血是无色的。

9

血液通过微小的毛细血管时，血液中的氧气和营养物质渗入人体细胞。毛细血管的直径只有人类头发的十分之一，肉眼几乎看不见，但它们占血液循环系统总长度的98%。

1 地球超过60%的面积被1600米深的海洋覆盖。地球上最深的地方是马里亚纳海沟的最深处——11034米。它非常深，就算把珠穆朗玛峰填进去也露不出头来。

2 这只以木头为食的虾出人意料地在马里亚纳海沟的底部找到了家，但是那里很难找到食物。它依靠漂流到海底的木头和椰子壳的碎片生存。

绿色轰炸机蠕虫

3 深海鮟（ān）鱇（kāng）鼻子处形如钓鱼竿的器官能够发光，以此来引诱小鱼成为它的猎物。只有雌性才有"钓鱼竿"，雄性鮟鱇的体形不到雌性的十分之一。

4 深海龙鱼的蛇形体内含有83%的水，使其能够在极端的压力下漂浮。海水的压力压缩了生物体内的空气，因此深海鱼类不是使用充气的鱼鳔来维持漂浮，它们的骨架非常轻，而且体内可以充满更多的水，利用水来漂浮。

5 有一个巨大的怪物潜伏在海底深处，它就是最大的无脊椎动物——大王乌贼。它生活在深海中，可以长到14米长，相当于一辆公交车的长度。它的眼球有足球那么大，在动物界是最大的。

海洋深处

这是一个黑暗如午夜的世界，冰冷刺骨，压力大到能够压扁一辆汽车。但海底依然活跃着各种生命。在最深的水域，奇异的动物过着奇怪的生活。

6 八目鳗是一种黏糊糊的食腐动物，它们会用像吸盘一样的嘴钻入死亡动物的体内。为了从尸体上撕下食物碎片，它们甚至可以把自己的身体打一个结。

7 深海斧头鱼拥有鼓鼓的、向上的眼睛，用来在黑暗水域中侦察猎物。它们会捕捉尽可能多的向下倾泻的光，这样就能辨认出快速游动的浮游生物的轮廓了。

8 由于深海里的食物很少，所以黑叉齿鱼的胃非常有弹性。它能吞下相当于自己10倍大的猎物，相当于你狼吞虎咽地吃下冰箱里的所有东西，包括冰箱在内。

9 荧光乌贼生活在弱光层，这一层的光线不是很暗，有淡淡的蓝色。荧光乌贼的身体被耀眼的光点覆盖，有助于吸引猎物。许多其他的鱼自身也能发出亮光，使得它们看起来有一种幽灵般的蓝色。

10 大王具足虫是一种大型甲壳类动物，大约长36厘米，相当于一只兔子的大小。它要么狼吞虎咽地进食，要么躲在海底潜伏不动以节省体力。

鹈鹕鳗

13½ 太空也许是最后一片未被人类开拓的疆土，其实，进入太空的人比进入海洋最深处的人还多。到目前为止，人类探索的海洋范围还不到整个海洋的5%。

11 蝰鱼的牙十分惊人，是所有鱼中最长的。这些打破纪录的尖牙可以毫不费力地刺穿猎物，但这些尖牙太长了，以至于它们无法完全闭上嘴。

在富含腐烂淤泥的地方，海星的远亲——饥饿的海猪会大量聚集。它们半透明的身体上有许多腿，通过膨胀和收缩这些腿来移动。

12 巨大的管状蠕虫在海底的火山口周围茁壮成长。它们的能量来自火山矿物，是食物链中不需要阳光的生物之一。

❯ 海洋区域

在海洋的透光层，阳光可以穿透，海藻可以生长。随着深度增加，生命越来越稀少。在1000米深的地方，海水完全变黑，生物必须经常等待食物从上方落下来。超深渊区是最深的海沟，不到整个海床面积的2%。

透光层 0～200米

弱光层 200～1000米

无光层 1000～4000米

深海 4000～6000米

超深渊区 6000米以下

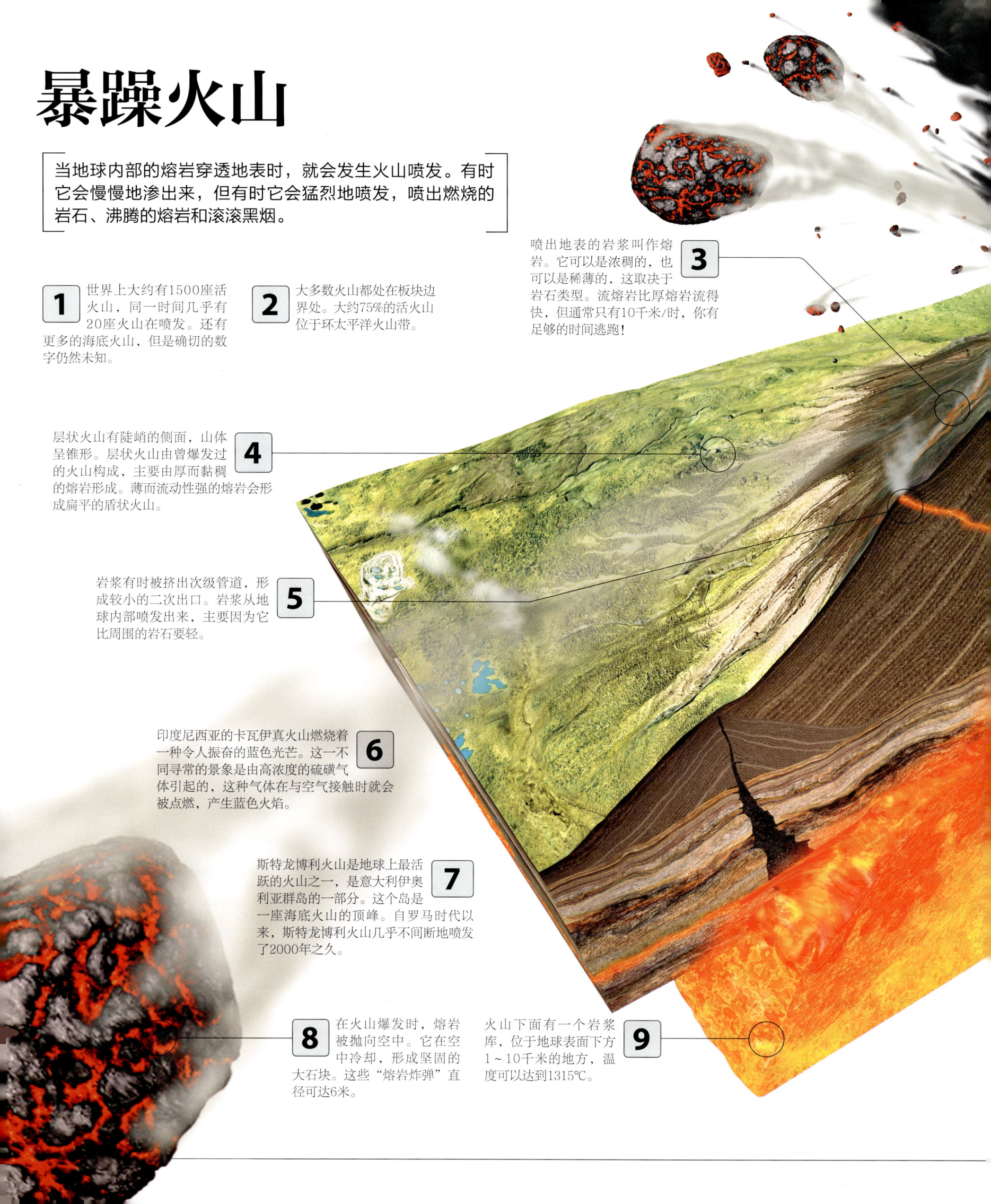

暴躁火山

当地球内部的熔岩穿透地表时，就会发生火山喷发。有时它会慢慢地渗出来，但有时它会猛烈地喷发，喷出燃烧的岩石、沸腾的熔岩和滚滚黑烟。

1 世界上大约有1500座活火山，同一时间几乎有20座火山在喷发。还有更多的海底火山，但是确切的数字仍然未知。

2 大多数火山都处在板块边界处。大约75%的活火山位于环太平洋火山带。

3 喷出地表的岩浆叫作熔岩。它可以是浓稠的，也可以是稀薄的，这取决于岩石类型。流熔岩比厚熔岩流得快，但通常只有10千米/时，你有足够的时间逃跑！

4 层状火山有陡峭的侧面，山体呈锥形。层状火山由曾爆发过的火山构成，主要由厚而黏稠的熔岩形成。薄而流动性强的熔岩会形成扁平的盾状火山。

5 岩浆有时被挤出次级管道，形成较小的二次出口。岩浆从地球内部喷发出来，主要因为它比周围的岩石要轻。

6 印度尼西亚的卡瓦伊真火山燃烧着一种令人振奋的蓝色光芒。这一不同寻常的景象是由高浓度的硫磺气体引起的，这种气体在与空气接触时就会被点燃，产生蓝色火焰。

7 斯特龙博利火山是地球上最活跃的火山之一，是意大利伊奥利亚群岛的一部分。这个岛是一座海底火山的顶峰。自罗马时代以来，斯特龙博利火山几乎不间断地喷发了2000年之久。

8 在火山爆发时，熔岩被抛向空中。它在空中冷却，形成坚固的大石块。这些"熔岩炸弹"直径可达6米。

9 火山下面有一个岩浆库，位于地球表面下方1~10千米的地方，温度可以达到1315℃。

10 火山喷发出的火山灰云团包括岩浆库内的气体和凝固的岩浆碎屑。一次大喷发形成的火山灰柱高达60千米。

11 火山碎屑流是一些火山爆发的危险特征。这种致命的雪崩式的热气体、火山灰和岩石沿着火山冲下山，速度超过500千米/时，它们的温度可超过800℃。

12 有些火山非常巨大，充满能量，被称为"超级火山"，它们的爆发能力是近代所见的任何火山的1000倍。美国黄石国家公园就有一个这样的火山，它最后一次喷发在64万年前，火山灰覆盖了当时美国一半的地方。

13 地球上最大的火山是大塔穆火山，它是太平洋下面的一座死火山，高度超过4000米。但与火星上的奥林匹斯山相比就相形见绌了，奥林匹斯山有25千米高，是太阳系最大的火山。

13½ 你可能认为火山需要很多年才能形成，那就错了。墨西哥的帕里库廷火山一夜之间出现在一个农民的田地里。在24小时内，它形成了一个50米高的圆锥体，一周内已经达到150米高。

天空之光

极光是在地球的南北极的夜空中出现的非常壮丽的一种光现象。极光的形状多种多样，可以是垂直的光柱，可以是长长的弯曲弧线，还可以是像幕布一样挂在天空中的光带。

1 出现在北极周围的极光被称为北极光（Aurora Borealis）。这一极光是在加拿大北部的马尼托巴拍摄的，该地位于北极圈的南部。在阿拉斯加、斯堪的纳维亚半岛、冰岛、格陵兰岛和俄罗斯北部也经常出现这种极光。

2 极光（Aurora）是以罗马神话中掌管黎明的女神的名字命名的，她的工作是飞过天空宣布太阳的到来。"Borealis"在希腊语中的意思是"北风"，而"Australis"则意为"南方"。

3 南极周围的光被称为南极光（Aurora Australis）。南极光发生的频率和北极光一样高，但是很少有人看到它们，因为它们主要发生在南极洲和南大洋。在智利、阿根廷、新西兰和澳大利亚的南部地区偶尔可以看到它们。

4 公元前568年的一块巴比伦泥板上可能有最早关于极光的文字记载。在尼布甲尼撒二世的官方记录中也曾描述了夜空中的红光。

5 极光是由来自太阳的高能带电粒子流与地球大气层中的气体相互反应引起的。这些太阳粒子进入两极地区的地球大气层，在那里它们使空气中的气体发出明亮的光。

6 意大利天文学家伽利略提出了"北极光"这个名字，他认为极光是反射的太阳光。直到1908年，挪威科学家克里斯蒂安·伯克兰才意识到这些光是由带电粒子进入大气层引起的，他的理论直到60年后才被证实。

7 强烈的太阳风暴活动可以在地球上引起壮观的极光。1989年3月的一次太阳风暴，威力堪比数千颗核弹同时爆炸，这次太阳风暴将1亿吨的粒子云抛向地球，产生的北极光在南至美国佛罗里达和古巴都可见。

极光是如何产生的

地球的磁场向太空延伸数万千米。它在我们的星球上形成了一个保护罩，叫作磁层。来自太阳的高能带电粒子大多受到磁层的影响而发生偏转，少数粒子流入大气层，其中一些粒子被困在地球南北极上空。当磁层受到太阳风暴的冲击时，被困的粒子在围绕着南北磁极的环形区域加速进入大气层，与大气中的分子和原子相互碰撞，便产生了极光。

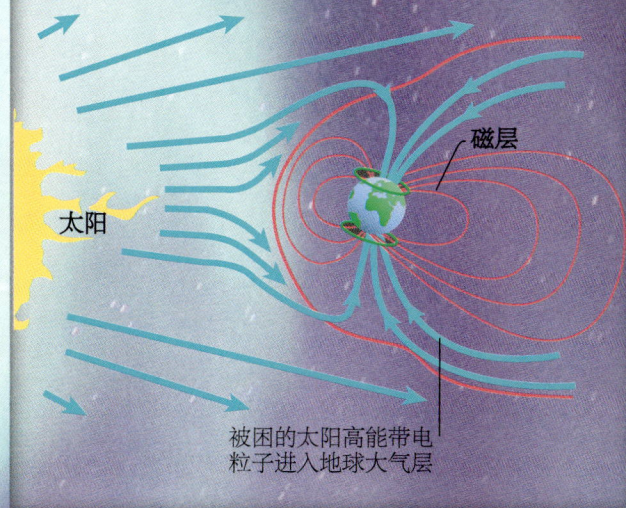

太阳

磁层

被困的太阳高能带电粒子进入地球大气层

8 极光的颜色取决于太阳粒子与哪种气体发生反应。它与氧气反应会产生独特的黄绿色光，但当反应发生在高海拔地区时也会发出红色的光。与氮气反应会产生粉红色和蓝色的光。

9 在北欧神话中，北极光被认为是连接地球与阿萨神域阿斯加德的彩虹桥。这座桥被称为Bivröst（意为"移动的道路"），它由守护之神海姆达尔守护着。

12 国际空间站上的航天员们不用抬头，从侧面就可以看到极光。太空站的运行轨道高度与极光通常发生的高度相同。

11 极光不仅仅是一种地球上的现象，在其他行星上，如火星、木星和土星等，都能够看到极光。遥远的褐矮星（比行星大，但比恒星小）拥有已知的最强大的极光——比地球上的北极光亮100万倍。

10 令人眼花缭乱的极光可以出现在令人惊叹的高度上——距地球1000千米。不过大部分极光都发生在地球上空80～120千米高的地方。

13 霓虹灯闪烁的原因和极光的原理一样。当电流通过灯管或灯泡时，里面充满的气体会发光。氖气发出橙色的光，汞发出蓝色的光，钠发出明亮的黄色光。

13½ 在夜空下，极光看起来令人惊叹。其实极光并不仅仅发生在晚上。科学家们把红外照相机用气球送上天空，观测到白天也有极光，只不过它们太微弱了，所以肉眼看不到。

1 印度售出的电影票比其他任何国家都多。2018年，印度观众购买了近20亿张电影票。中国观众购买了17.5亿张，美国影迷购买了12亿张票。

2 电影的大部分收入来自票房收入，但它们也从DVD、家庭广播销售、玩具和其他商品中赚取了大笔收入。2009年，《阿凡达》的全球销售额达到27.8亿美元（约193亿元人民币），创下了有史以来的最高电影收入纪录。

3 为什么电影都喜欢在周末进行首映？一部电影上映第一个周末的收入可能会占到全部收入的三分之一。2019年《复仇者联盟4：终局之战》以12亿美元（约83亿元人民币）的首周票房打破了之前的纪录。

4 电影可能会赚大钱，但是制作电影也要花很多钱。迄今为止，制作成本最高的电影是《加勒比海盗4：惊涛怪浪》。2011年，迪士尼工作室为该影片投入的成本达3.785亿美元（约26亿元人民币），单是特效的价格就超过了每分钟100万美元。

5 想要更大的屏幕？世界上最大的电影银幕在中国江苏，高26.8米，宽34.6米，与波音737的翼展一样宽。

6 中国一直在以每天增加27块的速度建造电影银幕。中国总共拥有近6万个电影屏幕，已经打破美国的纪录，成为全球电影屏幕最多的国家。

7 从1913年起，就开始在电影放映之前播放广告了。过去，这些电影广告通常在电影结束之后播放，直到有人发现，那时候大多数观众已经离开电影院了。

制作电影

电影屏幕就像一个窗口，通过它我们可以进入一个全新的、充满魔力的世界——这是人们喜欢去看电影的原因之一。对于那些在电影行业工作的人来说，大银幕可是一笔大生意。

11 接下来是什么？我们可能很快就会体验到裸眼3D、4D（在3D基础上增加模拟效果，如水和闪光灯）电影。在VR电影（虚拟现实）和VR（虚拟现实）电影中，影片会围绕在你周围，你坐在可以360度旋转的椅子上身临其境地观看。

12 也许很难确定哪种类型的电影最受欢迎，但动作片能让人吃更多的零食，一项研究表明，这些零食大片快速的节奏感让观众吃下的食物是看脱口秀时的两倍多。

10 电影公司用了各种各样的方法来吸引观众。从座位上的蜂鸣器（在播放恐怖电影时，机挑选一些座椅产生振动，使观众感到晃动）到嗅觉影视（电影院在特定场景时会喷洒一些难闻的气味使人身临其境），但效果都不是特别好。

9 3D电影出现的时间比你想象的早得多——第一次流行是在20世纪50年代。用来观看的呢？它们是怎么工作的呢？3D电影的眼镜是怎么工作的呢？它会让你每只眼睛看到稍微不同的图片。然后你的大脑自动地把这些图像合成在一起，就形成了立体图像。如今，3D电影越来越受欢迎，全球有超过75000块3D屏幕。

8 电影里的声音效果通常都有不寻常的制作方法——椰子可以用来制作马匹奔驰的声音，用拍打手套的方式来模仿鸟类飞行的声音。在《星球大战》中，光剑的标志性声音来自麦克风离电视太近而产生的嗡声。

13½ 你可能以为美国好莱坞是世界上最大的电影工厂，但事实上印度的电影工厂最多——每年高达2000部。最著名的电影工厂是印度孟买的宝来坞，紧随其后的是尼日利亚的瑙莱坞，美国排在第三。

13 不是每个人都在看电影时吃爆米花的。每个国家的人都有自己最爱的电影零食，如日本人喜欢沙丁鱼干，挪威人喜欢驯鹿干，韩国人喜欢有嚼劲的墨鱼干，荷兰人喜欢加盐甘草，印度人喜欢萨摩萨饼。

贵族骑士

在中世纪的欧洲，骑士是为国王或贵族骑马作战的士兵。这些强大的战士发誓要保护他们的主人，保卫教会、妇女和弱者。他们的盔甲就是自己的私人堡垒。

1 盔甲最初是由互相连接的铁环制成的。为了保护脆弱的地方，人们逐渐在一些部位增加了小钢板。到15世纪时，全钢板盔甲已很常见。一套完整的装备重约25千克。

2 保护骑士的面部下方和颈部的盔甲被称为颈甲（bevor），它源自古法语，意为"流口水"。它有通气孔，但骑士呼吸出来的气体会凝结在里面，使它非常潮湿。

3 这把长剑拥有双面刃，极其锋利。在骑士熟练的剑法下，它能一下子把一根树枝，甚至敌人的头切成两半。

4 战马也有特制的盔甲。如果骑士只买得起一部分，通常就是覆盖在马耳朵和口鼻上的保护头罩。一个骑士通常有两匹战马，一匹用来骑行，另一匹帮他驮东西。

7 侍卫通过一个叫作"爵位授予"的特殊仪式就可以成为骑士。他将被领主或国王授予一块土地，作为回报，他需承诺履行某些职责，包括服兵役。

5 成为一名骑士需要多年的训练。7岁时，一个出身名门的男孩将离开家被送到一个骑士身边当侍从。他会听从这名骑士差遣，并学习马术和武器使用。

6 14岁时，他从侍从成了侍卫。他已经学会照料骑士的马和武器，并帮助骑士穿上盔甲。经过7年的锻炼后，侍卫自己也可以成为骑士。

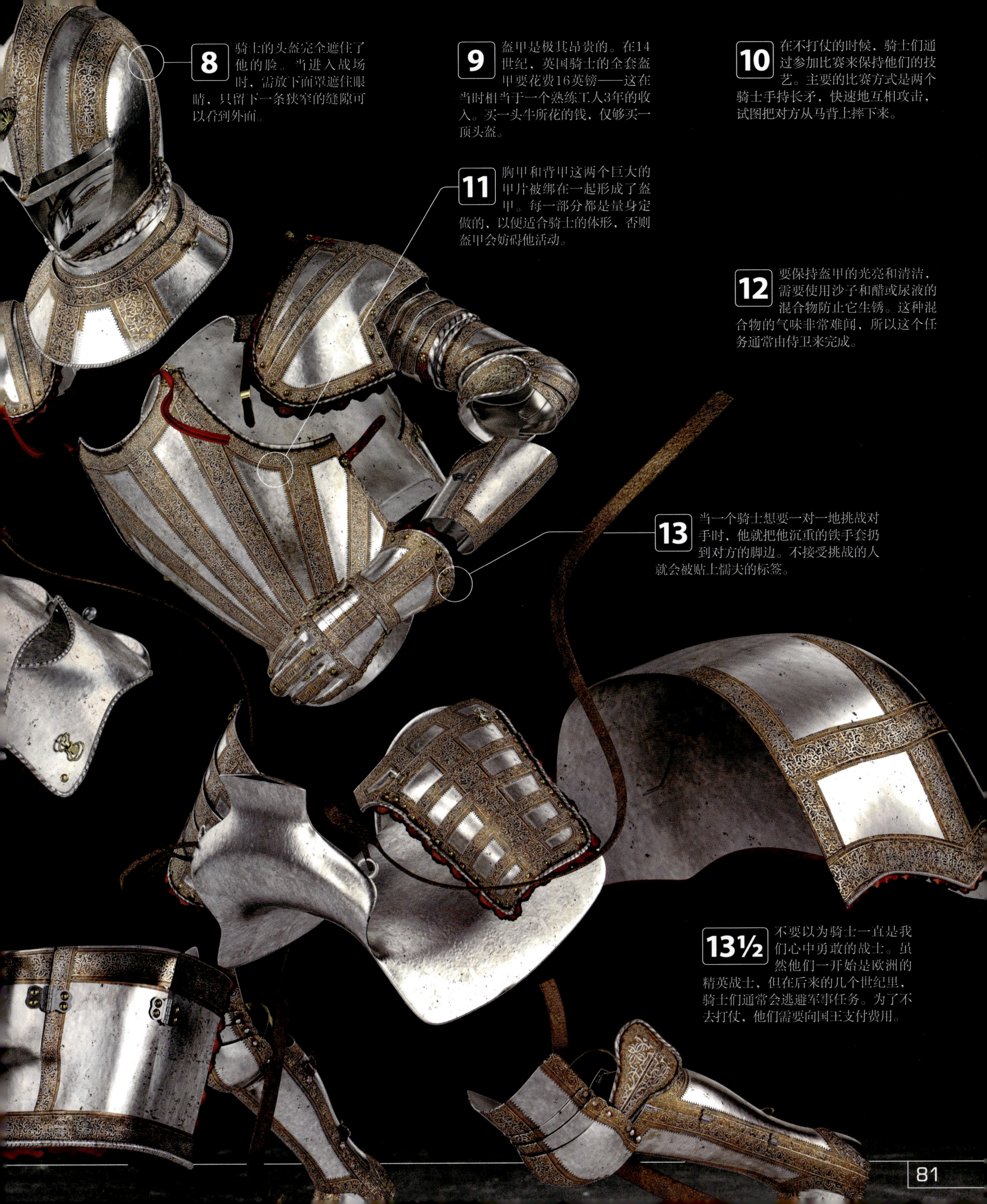

8 骑士的头盔完全遮住了他的脸。当进入战场时，需放下面罩遮住眼睛，只留下一条狭窄的缝隙可以看到外面。

9 盔甲是极其昂贵的。在14世纪，英国骑士的全套盔甲要花费16英镑——这在当时相当于一个熟练工人3年的收入。买一头牛所花的钱，仅够买一顶头盔。

10 在不打仗的时候，骑士们通过参加比赛来保持他们的技艺。主要的比赛方式是两个骑士手持长矛，快速地互相攻击，试图把对方从马背上摔下来。

11 胸甲和背甲这两个巨大的甲片被绑在一起形成了盔甲。每一部分都是量身定做的，以便适合骑士的体形，否则盔甲会妨碍他活动。

12 要保持盔甲的光亮和清洁，需要使用沙子和醋或尿液的混合物防止它生锈。这种混合物的气味非常难闻，所以这个任务通常由侍卫来完成。

13 当一个骑士想要一对一地挑战对手时，他就把他沉重的铁手套扔到对方的脚边。不接受挑战的人就会被贴上懦夫的标签。

13½ 不要以为骑士一直是我们心中勇敢的战士。虽然他们一开始是欧洲的精英战士，但在后来的几个世纪里，骑士们通常会逃避军事任务。为了不去打仗，他们需要向国王支付费用。

直冲云霄

直升机自由地在空中飞行，对侦察、搜索和救援以及其他行动至关重要。像这种军方使用的SH-60海鹰直升机，能够从巨大的航空母舰上直接起飞。

1 直升飞机在中国古代是小孩子的玩具。在公元前400年左右，受枫树种子旋转的启发，中国的孩子们玩一种叫"竹蜻蜓"的玩具。这是一种小型的旋翼装置，旋转时可以飞到空中。

2 直升机长长的旋翼叶片是它们飞行的关键。当它们高速旋转时，会把空气向下推到叶片下方，产生足够的升力，使飞机重重的金属机身离开地面。

3 15世纪末，意大利发明家列奥纳多·达·芬奇首次画出了载人直升机草图。然而，他的想法却没有得到实现。直到1939年第一架真正的直升机才飞行成功——这已经是450多年以后的事情了。

4 直升机的飞行速度可以达到每小时400千米，没有拥有强大动力的飞机那样高速。但是它更小巧、灵活，可以垂直起飞和降落，向后飞，向前飞，侧身飞，在空中悬停，也可以降落在一个像网球场那么小的空间里。

5 海鹰直升机的外表有一层特殊的保护涂层，防止它在海水中生锈。直升机可以执行多种海军任务，包括运送货物、搜寻、救援以及战争。

6 直升机两侧的两个涡轮发动机为旋翼叶片提供动力，旋转速度高达每分钟200转。它们与汽车引擎相似，但更强大。

7 尾桨看起来可能不明显，但它很重要，可以抵消主桨叶产生的反扭矩。如果没有它，直升机的机身就会朝与旋翼叶片相反的方向旋转，这就使得直升机无法飞行。

8 为了便于在海上停放，海鹰直升机的尾部可以折叠并收回到机身里。转子叶片也可以被推到一起——减小到它原来一半的大小。

13½ 你在无数的电影中都见过，一架直升机的发动机停止工作，然后瞬间就掉到了地上。在现实生活中，如果引擎熄火，旋翼还在继续旋转的话，熟练的飞行员能让直升机安全降落。

13 遥控直升机目前还处于测试阶段，可能很快就可以飞过火星表面了。目前它的模型很小，体积只有纸巾盒那么大，但是它有较长的旋翼桨叶，可以补偿火星上稀薄的大气。

12 世界上最大的直升机是俄罗斯的米-26直升机。它大约有3层楼那么高，有非常强大的牵引力。1999年，它运送了一件不同寻常的货物：一只被保存在重25吨冰块中的23000年前的长毛猛犸象。

11 作为一架军用飞机，海鹰直升机在必要时会携带危险的武器。鱼雷和反舰导弹安装在直升机的下部，机关枪也可以安装在机舱外。

9 驾驶舱是直升机的操作中心。在这里，飞行员使用总距操纵杆来改变旋翼叶片的角度，用脚蹬来控制尾翼。它们共同改变直升机的飞行方向。

10 海鹰直升机侧面有几块专门的天线面板，这些设备可以为直升机提供导航和通信功能。下方的搜索雷达使用声波技术对水中的物体进行扫描——它发射的声波甚至能够穿透最黑暗的海域。

物质本源

物质是指宇宙中所有的"东西"——包括你在内。地球上的物质主要有三种状态:固态、液态和气态。许多物质可以在三种状态之间转化,当它们被加热或冷却时,就会从一种状态变化到另一种状态。

1 所有的物质都由极微小的粒子组成,这些粒子总是来回振动或四处运动。固体、液体或气体的物质状态取决于粒子运动的程度。

2 构成固体物质的粒子不能自由运动,比如构成这个茶匙的金属。它们来回振动,但仍然被锁在一起。这就是为什么固体有一定的形状。

3 构成液体物质的粒子靠得很近,但它们可以四处运动,并互相滑过。液体有固定的体积,但没有固定的形状。茶水就是这样,会根据盛放它的杯子的形状发生变化。

4 构成气体的粒子相距很远,并向各个方向自由移动。它们没有固定的形状或体积,并且可以分散开来以适应不同容器的大小。这个过程被称为"扩散",这就解释了气味是如何在房间里迅速传播的。

5 当一种液体升温时,组成这种液体的一些粒子会离开液体表面,变成一种看不见的蒸气——这种气体也很容易再次变成液体。液体变成气体这个过程叫作蒸发。

6 当茶中的水蒸气冷却时,一些水蒸气的颗粒会结合在一起,凝结成微小的液滴。蒸汽就是由这些微小的液滴悬浮在空气中所形成的水雾。

7 我们周围的大部分物质都不是纯粹的固体、液体或气体,而是两种或多种状态的混合物。比如柠檬皮,看起来像固体,但实际上是固体和液体的混合物。

8 所有的物质在宇宙初始的时候就被创造出来了,也就是138亿年前。科学家称这一时刻为"大爆炸"。

9 液体是由粒子之间的引力聚集在一起的。液体表面的粒子更容易被其他物质的表面粒子吸引。这被称为表面张力,也是液体形成水滴的原因。

物质的三种状态

当像冰这样的固体被加热时，它的粒子振动加快，于是粒子彼此分离，固体因此失去形状而变成液体。如果继续加热，粒子可能会打破聚集在一起的状态，逃逸出来，形成气体。这些过程也可以反过来进行：从气体到液体再到固体。这三张图显示了粒子在三个状态中的运动情形。

固体的粒子不能动来动去。

液体的粒子在离彼此很近的范围内运动。

气体的粒子完全不受束缚，可以随意运动。

你可能认为物质只有3种状态，其实还有第4种状态存在。它被称为等离子体，这种状态存在于非常高的温度条件下，例如在恒星、闪电和霓虹灯中。事实上，等离子体占宇宙物质的99.9%。

13½

13 有些液体很稀，很容易流动。另一些则又黏又稠，流得很慢。液体的流动程度称为黏度。沥青是一种非常黏稠的液体，需要10年才能形成一滴。

12 地球上所有的水都存在了数百万年。今天落下的雨和6600万年前恐龙喝的水是一样的。在水循环中，水从地面升向空中，再从空中落回地面。它从固态变成液态，从液态变成气态，一遍又一遍地循环。

大多数液体在冷却时体积会收缩。然而，水在结冰时体积却会膨胀。这种从液体到固体的体积变化会导致水管和岩石破裂。

11

10 水是非常特别的，因为它在地球上可以以3种状态大量存在：液态水、气态水蒸气和固态冰。太阳系的其他行星都是没有液态水的——它们要么太热，要么太冷。

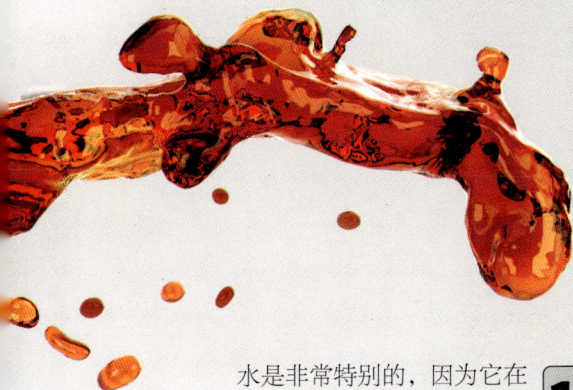

我们的太阳

离地球最近的恒星——太阳，是一个巨大的旋转着的球体，无时无刻不在燃烧着氢和氦。它的引力塑造了整个太阳系，它炽热的表面使围绕在它周围的行星沐浴在阳光之下，并为地球上的所有生物提供能量。

1 太阳位于太阳系（由行星、卫星、小行星和彗星等天体组成的大家庭）的中心，太阳系与太阳一样，形成于46亿年前的尘埃云中。

2 太阳的直径为139万千米。占太阳系质量的99.8%，它的体积非常巨大，是地球的130万倍。

3 然而，与其他恒星相比，太阳并不算特别大。它是一颗黄矮星，特点是相对较小且昏暗。目前已知最大的恒星"盾牌座UY"可以容纳30亿个太阳。

4 纵观历史，太阳一直受到人类的敬畏和崇拜。古埃及人把他们信仰的太阳神叫"拉"，而阿兹特克人崇拜的太阳神叫"托纳季乌"。

5 太阳每秒释放出4×10^{26}瓦的能量，这比地球上每个人每年使用的所有能量还多100万倍。

6 太阳距离地球约1.5亿千米，但太阳的能量仅需8分钟就能到达地球。而太阳核心的能量需要经过10万年才能达到其表面。

7 太阳持续不断地发射出粒子流。这种粒子流又叫作太阳风，以高达900千米/秒的速度从太阳流出，并且每秒钟将数百万吨的气体带入太空。

8 太阳的上层大气或日冕用我们的肉眼是看不见的，但在紫外线下会显现出来。太阳日冕层的温度比我们可见的太阳表面层高500倍，但科学家们至今仍不明白这是为什么。

9 这个极亮的区域被称为太阳光斑。这些区域与太阳黑子有关，太阳黑子的温度较低，光斑与太阳黑子同样具有11年的活动周期。

10 用天文塑远镜会发现太阳的表面呈粒状或泡状，就像橘子皮那样。其中的每个颗粒直径约1000千米，是不断上升的热气团。

11 这种巨大的喷射状发光气体被称为日珥，它延伸到了太空中大约30万千米远，这个距离大约是地球直径的25倍。

12 2012年8月，日珥爆发引发了日冕物质抛射（CME）。一次大型的CME可以将10亿吨颗粒抛射入太空。

13 太阳已经度过了它生命的一半，在大约50亿年后，它将膨胀成一个红色的巨大星体，并可能吞没水星和金星，膨胀的外层会收缩，留下一个很小的高密度的核。

13½ 太阳对我们来说非常特别，但它只是一个非常平常的恒星，仅仅是银河系数千亿颗恒星中的一颗，而银河系又只是我们可观测到的宇宙中的2万亿个星系中的一个。

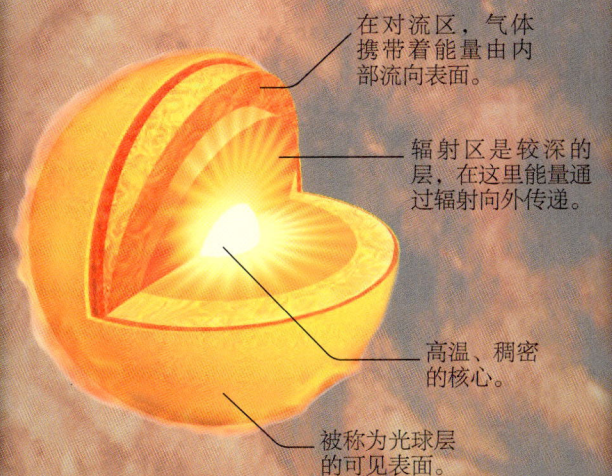

太阳内部

太阳的能量来源于它的核心，其核心占太阳质量的一半以上。核中的温度约为1500万摄氏度，每秒钟有超过6亿吨的氢转化为氦。这些核反应产生的能量逐渐向外传递到太阳的可见表面。

在对流区，气体携带着能量由内部流向表面。

辐射区是较深的层，在这里能量通过辐射向外传递。

高温、稠密的核心。

被称为光球层的可见表面。

破壳而出

对于大多数两栖动物、爬行动物、鱼类和无脊椎动物而言，卵是其生命周期中至关重要的一部分——在卵孵出之前的脆弱幼期，这些动物会保护它们的卵。有些动物的产卵量巨大，但有些动物则产出的卵较少。

蛙卵

4 为了孵化幼鸟，鸟卵需要保持在恒温环境中，许多鸟在卵的上方放置一个保护性的栖木来实现这种恒温，以孵化卵内正在发育的幼鸟。

3 除了鹅，大多数鸟类的卵是有保护色的。鹅有光泽的绿色的卵非常漂亮。幸好鹅的天敌都是夜行性的，靠味觉发现猎物。

1 我们吃的鸡蛋来自家鸡，因为鸡蛋并未受精，所以里面没有小鸡。从全球来看，我们每年会吃掉十几亿个鸡蛋。

2 鸵鸟的蛋是所有动物中最大的，有记录的最大鸵鸟蛋重达2.6千克，大约与砖块一样重。

5 尼罗鳄的卵在刚产下的时候是没有性别的。胚胎性别跟周围环境的温度有关，在低于31℃时卵会发育成雌性，而温度较高时则会发育成雄性。

6 许多爬行动物，比如这种玉米锦蛇，它们的卵柔软，外表似皮革，不像鸟类的卵那样坚硬。鸟类的卵之所以更加坚硬，是因为它们必须承受孵化它们的成鸟的体重。

蚯蚓

7 有些动物会出生在垃圾场，因为有些爬行动物和鸟类的父母会将它们的卵埋在腐烂的蔬菜下，这样可以通过蔬菜腐烂分解时放出的热量孵卵。

8 一些不起眼的昆虫通常是最厉害的繁殖者。一种生活在澳大利亚的蛾子一次可产下2.9万枚卵。然而，它们并不会悉心照顾这些后代，而是在飞行的时候随意地将它们的卵产下。

豹纹守宫

9 幼鸟的嘴上有一颗特殊的破卵齿帮助它们击碎坚硬的蛋壳，顺利破壳而出。出生之后这颗破卵齿就没有用处了，不久就会脱落掉。

这种欧洲洞穴蜘蛛会将它的数百个卵产在一个大的蛛丝育儿袋中，然后将这个装有卵的育儿袋悬挂在洞穴的某个隐蔽的角落，保护它的后代能够安全孵化。

10

角鲨的卵有一个非同寻常的螺旋卵鞘。这种螺旋形的卵鞘方便母鲨将它们楔入到某些缝隙中，以保证卵的安全。

11

雌性章鱼产下卵后，会用身体来盖住它们，保护它们的安全。人们曾观测到一只深海章鱼孵卵超过四年半，并且一刻也没有停止进食。

12

鼠蛇

大多数卵都是球形的，但是一种海雀产下的卵却长而尖，这是为了防止卵从巢穴所在的悬崖顶滚下去。

13

虹鳟

豹纹陆龟

🔽 鸟卵的内部

当卵离开雌鸟的身体时，里面的胚胎还只是一个很小的点。有了来自蛋黄提供的营养和孵化提供的热量，发育中的小鸟就开始成长。多孔的外壳使得空气能够渗入，供幼鸟呼吸。鸡胚胎约3周发育成熟，之后小鸡就会破壳而出了。

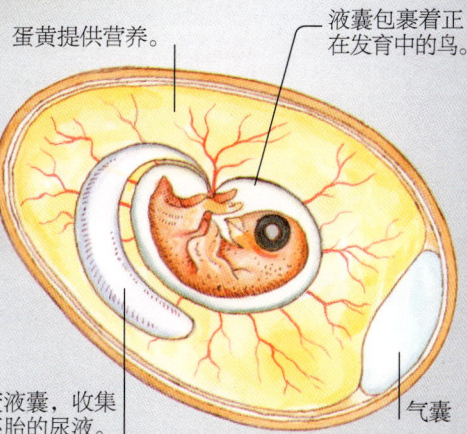

蛋黄提供营养。

液囊包裹着正在发育中的鸟。

13½ 哺乳动物通常会直接产下幼崽。然而，有一类特殊的单孔目哺乳动物却是直接产卵。这类哺乳动物包括鸭嘴兽和针鼹，目前只在澳大利亚和新几内亚被发现。

柞蚕

废液囊，收集胚胎的尿液。

气囊

趣味骨头

骨骼给我们提供了身体架构，保护重要器官，并固定肌肉，让我们可以四处走动。骨头比混凝土要坚固8倍，但质量却很轻，我们身体中的骨骼只占体重的15%。

1 婴儿的骨头比成年人更多。刚出生的婴儿有300多块骨头，但是随着身体的成长，其中一些骨头会长在一起。骨头会一直长到20岁左右停止，那时我们的身体里只有206块骨头。

2 胸腔的24根肋骨可以保护肺部。每次我们呼吸时，都伴随着肋骨的活动，不论白天夜晚均是如此，因此我们的肋骨每年会活动超过500万次。大约在200个人中会有1个人长出一对额外的肋骨。

3 大腿骨，或称为股骨，是人体中最长、最坚硬的骨头。它足以抵抗1110千克的力量，这相当于车祸或者物体从高处坠落的冲击力才能击碎它。

4 脊椎由26块较小且相互连接的椎骨组成。每块椎骨都有一个孔，里面充满了脊髓，脊髓可以将信息从大脑传送到身体的其他部位。大笑和咳嗽时会比走路或站立对脊椎带来更大的压力。

❯❯ 骨头内部

　　我们的骨头很硬但很轻，所以它们不会将人压垮。骨头的最外层称为骨密质，是骨头中最坚韧的部分，由蛋白质纤维增强的钙化结晶构成。骨松质像海绵一样具有很多张开的孔洞，但它依然非常坚韧且不发黏，这些孔洞中充满了柔软的骨髓。某些骨头中含有红骨髓，可以产生红细胞，并以每秒200万个的速度把这些红细胞释放到血液中去。

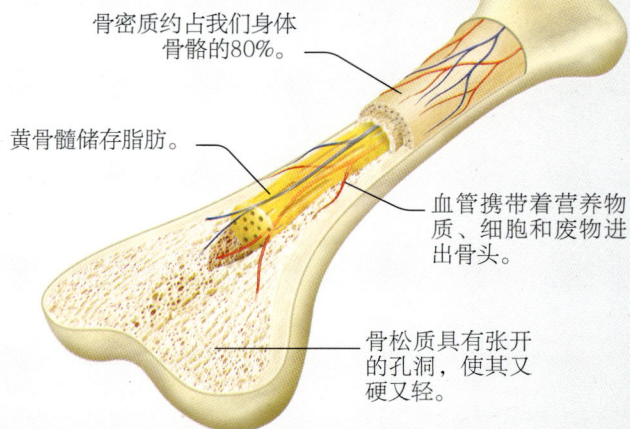

骨密质约占我们身体骨骼的80%。

黄骨髓储存脂肪。

血管携带着营养物质、细胞和废物进出骨头。

骨松质具有张开的孔洞，使其又硬又轻。

5 我们的骨骼每10年会更新一次。就像所有的活体组织一样，骨细胞也会不断更新，老的细胞会死亡，而新的细胞则会取代它们。

6 成年人的颅骨是非常坚硬的，但是婴儿的颅骨上有一些柔软的区域，且骨头之间还没有完全闭合，这是为了更容易出生，并使大脑有成长的空间。

7 构成人耳的3块骨头非常小，它们甚至可以一起放在1分钱的硬币上。其中最小的是镫骨，它的长度在3毫米以下。

8 牙齿通常被认为是骨骼的一部分，但其实它们并不是由骨头组成的。包覆在牙齿上的牙釉质不是活的组织，它是身体唯一不能自我修复的部分。

9 我们人类的颈骨和长颈鹿一样多，但是长颈鹿的每一根颈骨都更长，所以它的脖子长度大约为1.5米，而人类的脖子长度只有7~10厘米。

10 人类的拇指与其他4根手指对置，拇指可以通过移动而轻易地触摸到同一只手的任何一根手指，这使得我们能够灵活抓握和使用工具。大猩猩还有对置的大脚趾，所以它们不仅可以用手，还可以用脚来抓握。

11 膝盖骨也被称为髌骨，保护着膝关节，婴儿出生时是没有膝盖骨的。在婴儿膝盖骨位置的是软骨，这种软骨在2岁到6岁之间会逐渐硬化变成骨头。

12 我们的身高在早上会比晚上高大约1厘米。在白天，当我们坐下、站立、四处走动时，缓冲关节的结缔组织或软骨会被挤压。

13 许多早期的人类使用骨制工具。位于现今墨西哥城北部的古城特奥蒂瓦坎，在公元200至400年是一座非常繁荣的城市，那里的人将人的骨头制成家居物品，比如针、纽扣和梳子。

13½ 许多人认为按压指关节会引起关节炎，但事实并非如此。按压指关节的声音不是由骨头引起的，而是源于关节周围液体中的气泡释放。

两栖动物通常既可以在陆地上生活，也可以在水中生活。大冠蝾螈大部分时间都生活在陆地上，但繁殖后代时会回到水中。雄性大冠蝾螈会在水中表演舞蹈，展示它们锯齿状的背脊，以此吸引雌性。 **1**

大眼树蛙

大多数两栖动物会将它们的卵产在水中，这些卵被透明的胶状物包裹着，就像这种蛙卵一样。然而，雄性达尔文蛙会将卵放在它的口中进行孵化，等小青蛙孵化出来后再将它们吐出来。 **2**

番茄蛙

这种两趾鲵螈是一种类似鳗鱼的蚓螈，以其腿上小巧无用的脚趾得名。它是野外生存达人，遇到干旱，会深入泥泞以求生存，甚至可以3年不进食而依然存活。 **4**

这种喀麦隆蓝蚓螈是众多热带蠕虫状的蚓螈之一。某些蚓螈的幼虫有一种不寻常的生存方式，即撕掉并吃掉它们妈妈的外皮。这样做并不会杀死蚓螈妈妈，它可以在短短的3天内长出新的外皮。 **3**

两栖动物

青蛙、蟾蜍、火蜥蜴、蝾螈、蚓螈等两栖动物在潮湿的地方茁壮成长、繁衍生息。许多两栖动物一生中会经历一场难以置信的蜕变，比如从水栖的蝌蚪到可以生活在陆地上的青蛙。

黄带箭毒蛙鲜艳明亮的皮肤颜色是在向它的捕食者发出警告——它的皮肤有毒。黄带箭毒蛙是拥有致命毒素皮肤的蛙类家族的一员，它们中的有些蛙含有的毒素足够杀死10个成年人。 **5**

6 美西钝口螈是几种长不大的蝾螈之一。它们从来不会离开水，整个生命周期都是幼体的形态，长相类似于有腿的蝌蚪。

7 并非所有的两栖动物都生活在水域附近。色彩鲜艳的红眼树蛙会将它的家安在热带雨林中的高处。尽管它的皮肤很滑，但它仍可以用趾上的吸盘紧紧地抓住树枝，轻松地爬过树丛。

9 你可能会认为所有的两栖类动物都是通过产卵来繁衍后代的，其实有些两栖类动物是直接生出幼崽的。有些蚓螈会在它们的身体里哺育它们的幼崽，直到这些幼崽快成年。

大多数两栖动物的寿命都很短，但是洞螈却可以活一个世纪甚至更长时间。这种眼盲的、白色的蝾螈目动物在地下洞穴里度过它的一生。 **8**

10 尽管火蜥蜴（其实是一种蝾螈）刚生出来时身体是湿滑的，但关于它们的传说长期以来却一直与火相关。古希腊哲学家亚里士多德认为，火蜥蜴是一种神奇的蜥蜴，它们既能在火中生存，还能随心所欲地将火熄灭。

许多青蛙和蟾蜍通过啾啾、呱呱，或类似口哨的声音进行交流。北美的一种蟾蜍可以发出极其响亮的、震耳欲聋的颤音，甚至可以在1千米外听到。它们主要是通过给声囊充气来放大声音。 **11**

12 长舌是蟾蜍捕捉猎物的现成武器。只需五分之一秒，蟾蜍就可以迅速伸出舌头，用黏黏的舌尖将猎物粘住，使其难以逃脱。

13 两栖动物会非常频繁地蜕皮，几乎每天一次。这种薄而潮湿的表皮含有丰富的蛋白质，许多青蛙和蟾蜍会将蜕下的表皮吃掉！

13½ 大量青蛙从天而降，就像下雨一样，这听起来似乎非常不真实，但近些年来关于这种倾盆而下的"青蛙雨"的报道却有很多。有人认为，青蛙可能被旋风卷起，然后落在其他地方，但人们目前还并不清楚是否真是这样，以及具体是如何发生的。

您好

1 当今全世界人们使用的语言和方言大约有7000种之多。亚洲约有2200种语言，仅巴布亚新几内亚就有850种。世界上超过一半的人口使用的语言仅有23种。

hola

2 会说多种语言的人被称为多语言者。约翰·宝宁爵士在19世纪50年代曾任英国派驻香港的港督，据说他能够讲100种语言，并且曾学习过的语言种类比这更多。

3 字母可以用来记录语言。字母表（alphabet）一词来自古腓尼基字母表的前两个字母，牛头图像的字母读作"aleph"，房子图像的字母读作"bet"。牛头的图像最终演变成我们现在的字母a，房子的符号则最终演变成了字母b。

4 计算机有自己的语言，我们用这套语言来告诉计算机该做什么。目前编程语言有超过500种，都是由复杂的代码命令组成的。

здравствуйте

5 英语差不多有25万个单词，可能比其他任何一种语言的词汇量都多。而且，每年约有1000个新单词会被添加到英语词汇中。

jambo

6 听不到声音的人会使用手势进行交流，称为手语。就像说话一样，手语也存在地域差异。这可能是因为不同地区有不同的手势，又或是人们手势变化快慢和表现方式的不同。

说话之道

有话要说？我们可以通过语言交流思想，表达内心感受，去说服或指责别人，以及描述周围发生的事情。语言是一种强大的工具，那它是如何让世界运转的呢？

bonjour

olá

नमस्ते

7 你会和自己说话吗？自语症，是指一个人总是自我交流，自己和自己说话。一个在多语种家庭中长大的孩子有时会形成自己的语言。双胞胎之间可能会有他们自己的秘密语言。

8 在一些电影、书籍和游戏中，人物角色可能以一种虚构的语言进行交流。电影《星际迷航》中引入了克林贡语。克林贡语是一种构造较为完善的人造语言，《星际迷航》的粉丝们会学习这种语言，并用克林贡语来相互交流。美国甚至已经出版了克林贡语词典。

hello

sannu

9 语言可以包含各种各样的声音。在非洲南部和东部，有几种语言使用滴答声作为辅音。在加那利群岛的拉戈梅拉，一些居民使用一种叫作希尔博语的独特语言。它属于西班牙语，但又被转换成哨声，以便在很远的地方可以听到。

10 像苹果Siri这样的机器人可以讲20多种不同的语言，并且可以复制、模仿不同的口音，以及男性或女性的声音。然而，它们平淡且毫无感情的声音并不符合我们人类说话的方式，因为语言不仅仅是你所说的的信息内容，更重要的是如何表达。

11 早在短信出现之前，莫尔斯电码就被发明出来了，它通过一系列或短或长的电脉冲来传送信息，这种长短电脉冲通常用点和横线表示。发明人塞缪尔·莫尔斯把最常见的字母用最简短的方式进行编码。因为3个点被用来表示S，3条横线被用来表示O，所以SOS变成了一种求救信号，因为它发送方便且快捷。

merhaba

12 联合国的《世界人权宣言》已被翻译成503种不同的语言，成为世界上被翻译最多的文件。

مرحبا

13 "Abracadabra"在许多语言中都是一个神奇的词。这个词最初出现在公元3世纪一个罗马医生的日记中。他敦促患有疟疾的人在纸上写下这个幸运词，然后用布包裹起来，并把它戴在脖子上9天。不幸的是，这种治疗方法并不起作用。

13½ 一种语言如果不再被日常使用，即被认为是一种死语言。你可能以为，罗马帝国崩溃之后拉丁文就消失了。其实，拉丁文仍存在，它仍然是科学、法律，特别是宗教领域的语言。在罗马附近的梵蒂冈城，甚至还有一台带有拉丁文说明的取款机。

穿衣时尚

从古至今，用服饰来彰显自己的财富仿佛已经成为了人们的习惯。14世纪至16世纪，新大陆的发现为欧洲带来了许多异域的纺织品。下面展示的是16世纪非常受欢迎的奢华时装。

麻纱底衫

可拆卸的袖子

臀用撑裙

毛线长袜

皮鞋

1 时尚的贵族们需要在佣人的帮助下才能穿好这些一层又一层的华服。伊丽莎白女王一世（1558—1603年在位）每天完成穿衣程序就要耗费两个多小时。

2 女士们通常穿着两件系得紧紧的衣服来给上半身塑形。有时会用木头、金属甚至鲸须来加固，凸显女性纤细的腰肢。

3 衣服上的洞和衣缝可以凸显出衬里的对比色，有时一件礼服上的小洞多达9000个。

4 布料在做成衣服之前会被浸入尿液中，因为尿液中的氨能使布料的颜色保持鲜亮。于是家家户户都会往尿盆里蓄满尿液，然后供给纺织厂。

5 在伊丽莎白一世在位期间，大多数普通女性只有一到两件礼服，而这位女王却拥有大约3000件礼服，于是她便成为那个时代的时尚标杆。

6 用硕大的裙撑把褶皱的裙摆撑开，可以使穿着裙子的人下半身变宽大约60厘米。系在后腰线下裙子里面的一圈臀垫可以使臀部看起来更加丰满。

无论男女都会戴着这种精致的拉夫领，英国剧作家本·琼森（1572—1637）曾评论这个巨大的拉夫领使人看起来就像在头上套了个盘子。 **7**

1571年，英国一项法律规定，除了贵族，所有超过6岁的男性在星期日都必须戴一顶羊毛帽。这项法律的通过极大增加了帽子生产者的劳动量。 **8**

男人经常在衬衫外面穿一件紧身上衣。紧身上衣中通常用马鬃填充，这使得男人看起来更加肩宽腰窄。 **9**

亚麻衬衫

10 短罩裤通常非常宽松，包裹住臀部和大腿。据说一名男子因为在裤子里垫得太厚而被逮捕，在他的裤子里发现了2块桌布、10张餐巾和4件衬衫。

11 最早为人们所知的裤子大约是3300年前中国发明的，根据裤子的形状推测这些裤子应该是为了骑马时更方便而设计出来的。

12 孩子们一直穿着缩小版的成人衣服，直到19世纪，适合孩子们穿的衣服才首次被设计出来。从1650年到1900年，有的男孩甚至8岁还穿着裙子。

13 文艺复兴时期，带跟的鞋逐渐成为了身份地位的象征。这很可能也是为什么英语中会用"well-heeled"来形容一个人富有。

皮靴

毛线紧身裤

13½ 你可能会觉得那些生活在几百年前的人又脏又臭。尽管他们洗衣服不像我们现在这么频繁，但他们还是会每天穿着干净的内衣。

甜美诱惑

可可树上长出的苦豆子做出了世界上最甜美的馈赠——巧克力。从20世纪开始，巧克力的需求和消费逐年增长，现如今，巧克力爱好者们每年在这种美味零食上的花费已经超过了800亿英镑（约7254亿元人民币）。

1 巧克力是由可可树的种子——可可豆制成的，40颗可可豆（约为一个豆荚里可可豆的数量）就能做成一块巧克力。

2 打开色彩鲜艳的豆荚后，可以看到里面白色的果肉，包裹着甜甜的汁液和可可豆。这种植物的学名叫"可可树"，在拉丁语中的意思是"神的食物"，这种小树遍布中美洲和南美洲。

3 每年，大约500万靠种植可可豆维生的农民会生产380万吨可可豆。科特迪瓦共和国的可可豆产量最高，达到了世界总产量的30%。

4 制作巧克力，要将可可豆进行清洗、发酵、干燥、烘烤和去壳这几道工序，然后研磨成为浆状，将固体巧克力中的两种关键成分——可可脂和可可粉提取出来。

5 在以前的黑白影片中，巧克力酱常被用来当作假血，因为它又厚又黏，和真的血很接近。

6 固体巧克力发明于1847年，由英国人约瑟夫·弗赖伊将可可脂与液体巧克力混合在一起而制成。这种丝滑美味的食物中还添加了包括糖在内的甜味成分。

7 这种涂满巧克力，嚼起来嘎吱嘎吱响的食物看起来似乎并不美味，但是包裹着巧克力的蝎子却被销往世界各地。当然，要确保蝎子在被涂满巧克力之前已经去除了毒液。

8 古代中美洲和南美洲的人很早就开始享用巧克力。他们酿造的苦味"xocolatl"（意为苦水）比现在的热巧克力更辣一些，因为它不仅含有可可豆，还有干辣椒和香料，阿兹特克的国王蒙特祖玛每天都要用他的金杯喝大约50杯。

9 可可豆因被用作货币而被阿兹特克人和玛雅人十分珍视，他们将可可豆看得比黄金更值钱，因为它们可以用来交换其他商品。

10 欧洲人几乎吃掉了世界上一半的巧克力。平均每个瑞士人一年要吃掉11.9千克巧克力，这差不多相当于4块砖的质量。

11 你的巧克力中说不定藏着微小的虫子，因为一些小虫子可能会随着可可豆被捣碎。那些对巧克力过敏的人没准就是因为这些杂质而引起的过敏。

12 可可粉中有一种强有力的刺激物叫作可可碱，可可碱对人类无害，对狗却有剧毒。人类要一次服用超大的剂量才会受到可可碱的影响。

13½ 白巧克力，尽管名字里有巧克力，但实际上根本不能算是巧克力，因为白巧克力中只有可可脂和牛奶，并不含可可粉。

13 巧克力牙膏并没有你想的那么不健康，有些研究表明可可粉中的可可碱比氟化物更能保护牙齿。

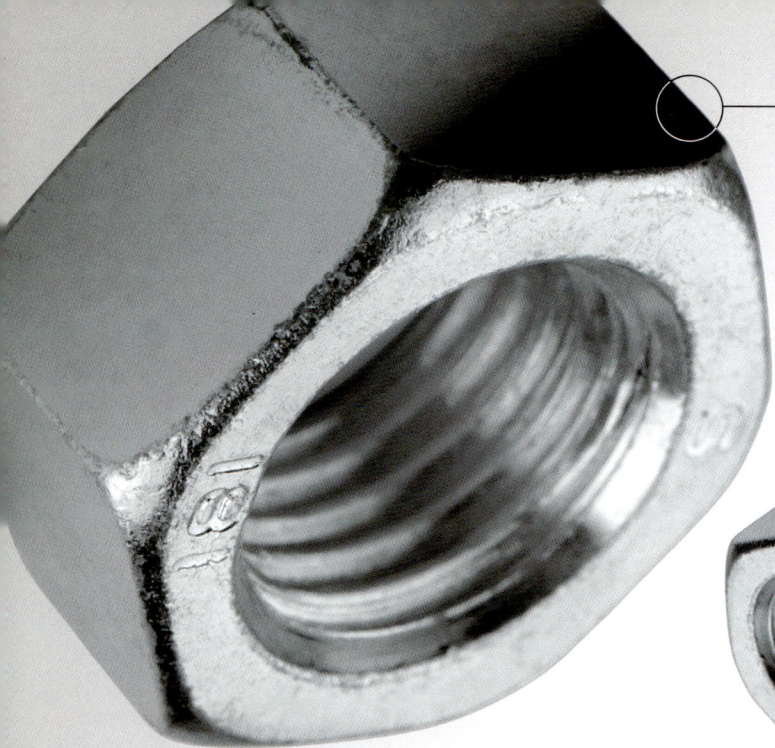

1 过渡金属，是我们最常见的金属。这种金属通常既坚硬又有光泽，它可以被弯曲或捶打成不同的形状，并且熔点很高。

2 大多数金属不是以纯金属的形式存在的，而存在于矿石中。需要将矿石与金属一起高温加热后熔化冶炼，再把所需金属分离出来。

汽车合金轮毂

天然银

重要金属

很难想象没有金属的世界是什么样子。这种坚固、实用的材料在我们身边随处可见，从汽车到罐头，从平底锅到摩天大楼，等等。纯金属是由单一元素的原子组成的物质。

3 铁是宇宙中第六大常见元素，地核就是由铁元素组成的，其温度可达6000℃，超过了太阳表面的温度。

方铅矿石

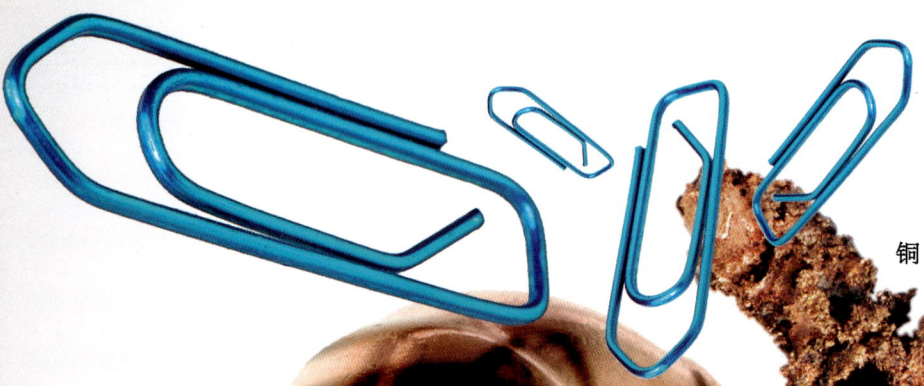

铜

铜管

钢制回形针

4 铜是第一种被人类使用的金属，大约在10000年以前，铜以一种单质纯金属的形式被发现，并被用于制作珠宝。第一个铜矿可追溯至公元前5000年。

5 为什么超人的X光视力无法穿透铅呢？因为铅的密度太高了，以至于X光都无法穿透它。医院里常用铅板来保护医护人员不受X光的伤害。

6 铅并不是最重的金属，最重金属这个头衔属于密度是铅2倍的锇。一块微波炉大小的锇大约和一辆小轿车一样重。

13 铝是地壳中含量最多的金属，它常被用来制造从飞机到饮料罐等各种东西。全世界每年铝的产量超过2000万吨。

铝矿石

13½ 你们以为黄金是最宝贵的金属吗？不，实际上铑才是。它是一种比黄金更稀有，且具有高反射率的金属，比黄金贵10倍。

铑戒指

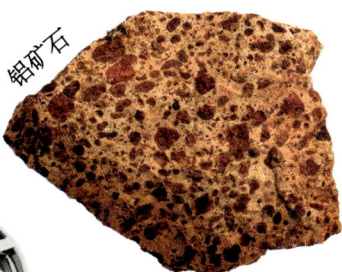

12 合金是两种不同金属的混合物，是结合了不同金属的特性制造出来的一种用途广泛的新型材料。这个长号是由黄铜和锌的合金制成的。

11 汞是唯一一种在室温下呈液态的金属，且有剧毒。在维多利亚时代，汞常被用于制帽行业，导致那些接触它的工人们出现浑身颤抖和精神异常等症状，所以这种病被称为"疯帽病"。

10 金属都具有延展性，它们可以被弯曲成不同形状而不断裂，这也是金属用途广泛的原因之一。但如果你把金属冷却到一定程度它就会变得十分易碎，哪怕你轻轻对着它一吹，都有可能碎裂。

9 许多金属元素对人体都非常重要，如锌、铜、铁等。钙是人体骨骼和牙齿的重要组成成分，它是一种柔软的灰色金属元素。

8 黄金最可贵的地方在于它的抗腐蚀性。2015年，一艘装载着1100万枚金币的16世纪西班牙大帆船在哥伦比亚海岸被发现，金币被海水浸泡了300年竟完好无损。

7 自然界中的黄金常以纯金属形式存在，世界上最大的天然黄金块是人们于1869年在澳大利亚发现的，被命名为"欢迎陌生人"。它重达惊人的78千克，相当于一个成年男人的体重。

金属键

在金属物质中，金属原子紧密地堆积在一起。同时，这些金属原子会释放出它们的外层电子，从而形成流动的电子。正是这些自由流动的电子使金属成为热和电的优良导体。如果金属的一部分被加热，电子就会迅速地将热量传递到其他部分。

原子形成一个规则排列的3D模型。

电子在所有原子间自由地流动。

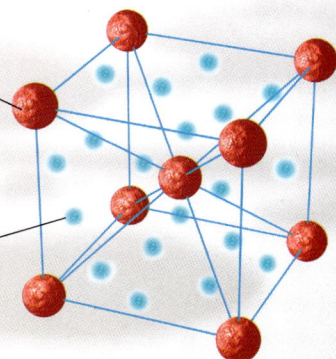

疯狂飞机

虽然人类对飞行的渴望和人类历史一样久远，但是关于人类飞行的故事大约开始于230年前的一个热气球。20世纪发明的动力飞机帮助人们更好地丈量这个现代世界。

1 1783年，法国的蒙戈尔费埃兄弟建造了第一个热气球，将一只鸭子、一只羊和一只公鸡一同送上了天空。

2 1903年，莱特兄弟在美国成功自主制造了第一架动力飞机——莱特飞行器。1969年，航天员尼尔·阿姆斯特朗踏上月球时，携带了最早的莱特飞行器上的一个小零件。

3 1919年，英国的约翰·阿尔科克和亚瑟·布朗首次完成了人类不间断飞越大西洋。途中，阿尔科克曾不得不爬上飞机机翼，移除发动机上的冰块。

4 1932年，美国的阿梅莉亚·埃尔哈特成为首位独立飞越大西洋的女性。5年后，她在尝试环球飞行时神秘失踪了。

5 德国LZ129兴登堡号飞艇是当时世界上最大的飞行器之一，其长度足足有3个足球场长，甚至还设有自己的邮局。1937年，飞艇中的氢气爆炸，造成36人死亡。

6 第一次世界大战期间，飞机首次在大规模战争中被使用。1944年，第二次世界大战期间，德国研制出了第一架喷气式战斗机，也是当时最先进的飞机——梅塞施密特式战斗机Me-262。

13½ 人们有飞行恐惧症是可以理解的，而且这也是比较常见的一种恐惧症。事实上，根据统计，在飞机失事中丧生的概率只有千万分之一，还没有被闪电击中的概率高！

13 最大的商用客机是双层空中客车380，可承载853名乘客。它长达80米的翼展是莱特兄弟发明的第一架飞机长度的2倍多。

12 当飞行员需要看跑道时，协和式超声速客机就要降低机头。飞行时，机头需要抬高，形成一个箭状的流线型，这样才能使飞机在空中保持高速飞行。

11 每天，无论何时，在空中飞行的人数都接近100万，然而世界上只有5%的人坐过飞机。

10 1976年，由英法合作制造的协和式超声速客机开启了富人的超声速旅行时代。从伦敦到纽约只需要约3.5个小时，原本乘坐喷气式客机需要8小时。

9 美国的SR-71侦察机黑鸟保持了喷气式飞机的飞行速度纪录。1974年，它从美国纽约飞到英国伦敦，大约5571千米的距离，只用了惊人的1小时54分钟。

7 1952年，第一架商用喷气式客机——英国哈维兰彗星型客机投入使用。它从英国伦敦到南非约翰内斯堡的首航花费了23小时38分钟（包括停靠站），而如今，这个距离只需要连续飞行11小时即可到达。

8 20世纪50年代，乘飞机旅行是非常昂贵的。1958年，从伦敦到纽约最便宜的往返机票相当于今天的5200英镑（约47100元人民币），而现在相同路线的飞机票价大约是350英镑（约3170元人民币）。

点亮黑暗

按一下开关，数以万亿计的带电粒子便由无形的电力驱动着在灯丝中移动。在现代，我们几乎可以用电力来驱动所有东西，但是电在一开始的时候仅仅是用来点亮灯泡的。

1 电流其实就是带电微粒的粒子流，在电力供应中，那些带电微粒就是电子。电子存在于每一个原子当中，并且带有负电荷。

2 第一个实用的电灯是由美国发明家爱迪生在1881年创造出来的，在25年内它便走进了上百万户家庭。在电灯最开始使用的时候，需要一些警示标志，防止那些习惯使用油灯和蜡烛的人用火柴去点亮电灯。

3 最早的电灯是白炽灯。这些灯通过一根细丝传输电流来进行工作，当这根丝变得足够热的时候便发出了光。在研制出炭化竹丝灯之前，爱迪生尝试了包括毛发在内超过6000种灯丝材料。

4 白炽灯泡在今天仍然在使用，但用的是钨丝作为灯丝，并将钨丝缠绕成一个线圈。如果你把灯泡中的钨丝线圈解开，会发现灯丝长度超过50厘米。

5 爱迪生发明了螺纹灯底以及其他一整套的配件使得电灯能够成功应用。他总共申请了超过1000个专利，这些专利包括插座、开关以及发电站装置等。

6 一些动物自身能够发电。电鳗并不是真正的鳗，而是鱼，它能够放出几百伏的强烈电压来将猎物击昏。

7 金属是一种导体——它的电子能够从原子中逃离出来，还可以在金属中移动，从而使电流能够通过。电灯有一个金属的底座接触面，当它连接上电源的时候，电就会流入电灯中。

8 世界上亮得最久的电灯已经亮了超过100年了，它于1901年在美国加利福尼亚州的利弗莫尔市点亮。这个电灯只有4瓦的功率，而现在大部分的白炽灯都是60瓦或者100瓦。

13½ 托马斯·爱迪生被誉为电灯之父，但他并不是电灯的发明者，而是对电灯进行了改进，使之大量投产，被人们普遍使用。其实在19世纪30年代科学家便已经开始了类似的设计和实验，这比爱迪生1879年获得电灯泡专利的时间大约早了50年。这项专利在1880年被批准。

13 大部分的家庭和商业活动都需要用电来提供照明、供暖和制冷。在2014年，人们消耗的电能足以用来点亮270亿个100瓦的灯泡或者超过1000亿个LED灯或日光灯。

12 白炽灯的效率非常低，在它们释放的能量中，仅仅有2%被用来发光，而大部分的能量都变成热量被浪费了。今天它们已经被淘汰了，取而代之的是能够高效利用能量的日光灯和LED（发光二极管）灯。

11 玻璃是一种绝缘体——不导电。玻璃里面的电子被束缚在原子里，所以它们不能轻易移动，使电流无法通过。绝缘体有利于将灯丝和其他部分隔开，使电仅在需要的地方流动。

10 玻璃灯泡能够阻止氧气与灯丝接触。这种玻璃用强酸处理过，所以灯泡为球形，并且能够产生柔和的光线。

9 白炽灯里面充满了惰性气体（不容易发生化学反应的气体），否则空气中的氧会使灯丝很快烧尽。最常用的惰性气体是氩气，这个名字来自希腊语，意思是"不反应的"。

虎鲸传说

虎鲸不仅是海洋里最强大的哺乳动物，还以"杀手鲸"而闻名，因为它们有着超凡的捕猎技能。它们庞大的身躯使其能够打败可怕的猎物，比如其他像大白鲨一样的顶级捕猎者。

额隆

1 鲸和海豚均属于海洋哺乳动物的鲸目。虎鲸是海豚家族中体形最大的成员，最庞大的虎鲸可以长到一辆公交车这么大，约10吨重。

2 虎鲸有灵敏的视觉，尽管它们只能看到黑白的世界。它们能够识别镜子里的自己，这种行为仅仅在猿、大象和海豚等高智商动物中被发现过。

3 虎鲸是个"话唠"，它们会发出咔嗒声、口哨声和呼叫声与其他伙伴交流。不同的族群有着独特的呼叫声和"方言"——可能它们有自己的名字。

4 在水中，虎鲸通过下颌骨来获取声音振动产生的信息。它们能够接收到来自16千米以外的虎鲸发出的呼叫声。

5 虎鲸有50颗锥形牙齿，每个牙齿有5厘米长。它们不能咀嚼，所以需要用牙齿去攫取猎物，并撕成可以食用的小块。比较小的猎物（包括海豹在内），都可以被虎鲸整个吞下去。

6 虎鲸的每一个鳍里都有5个鳍指，这些鳍指看起来和人类的手指非常相似。这是因为虎鲸是从陆生哺乳动物进化而来的。它们现在适合游泳的鳍进化前是有着长手指的手臂。

7 和所有的鲸类一样，虎鲸在皮肤下面有一层鲸脂，厚度可达10厘米。在18世纪和19世纪，鲸脂是一种非常流行的商品，被用来制作灯油、蜡烛、肥皂，甚至是化妆品。

8 在深潜水的时候虎鲸的心率会慢下来。这样做能够保存氧气，使得它们在呼吸到新鲜空气之前能在水中待更长的时间。

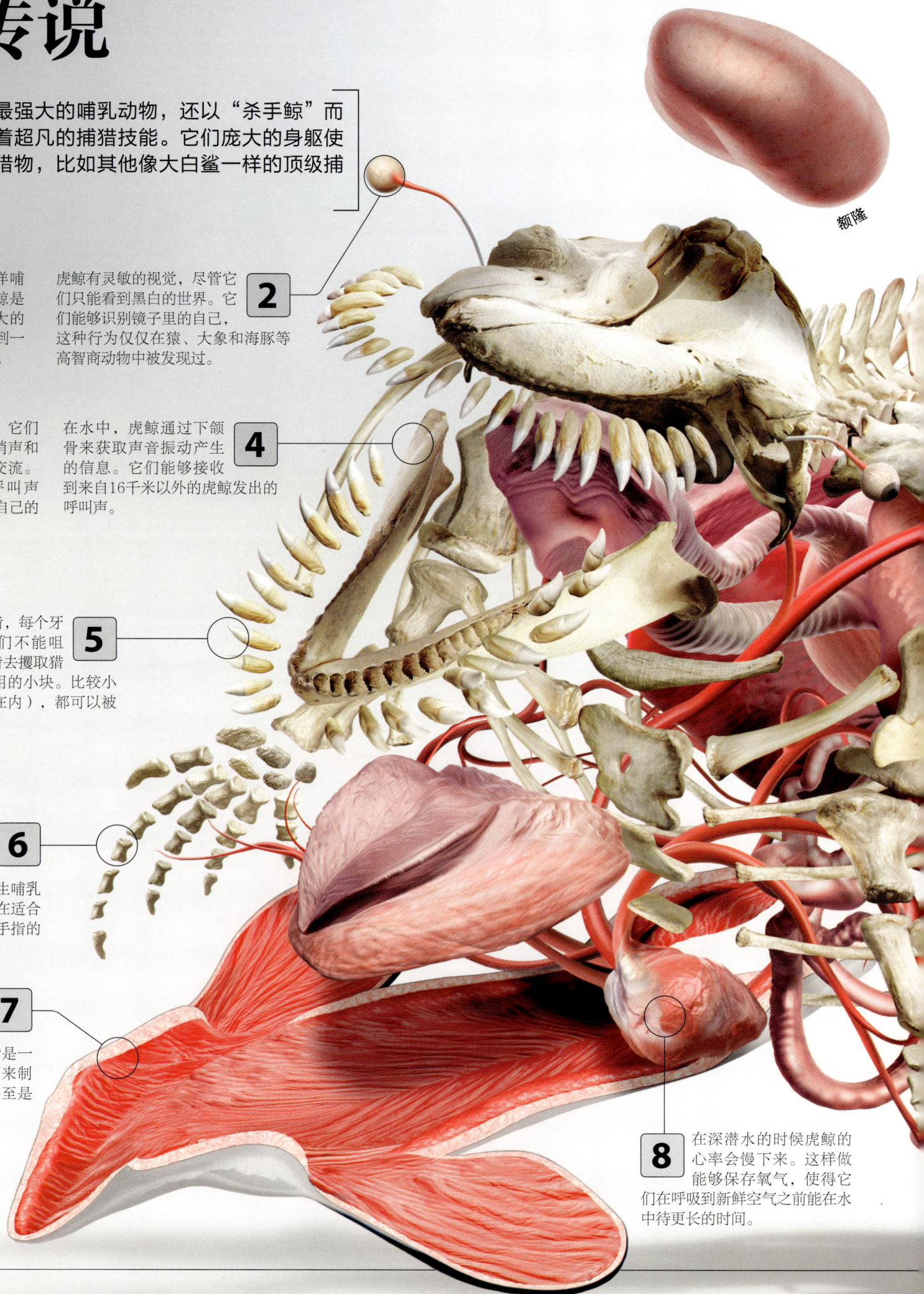

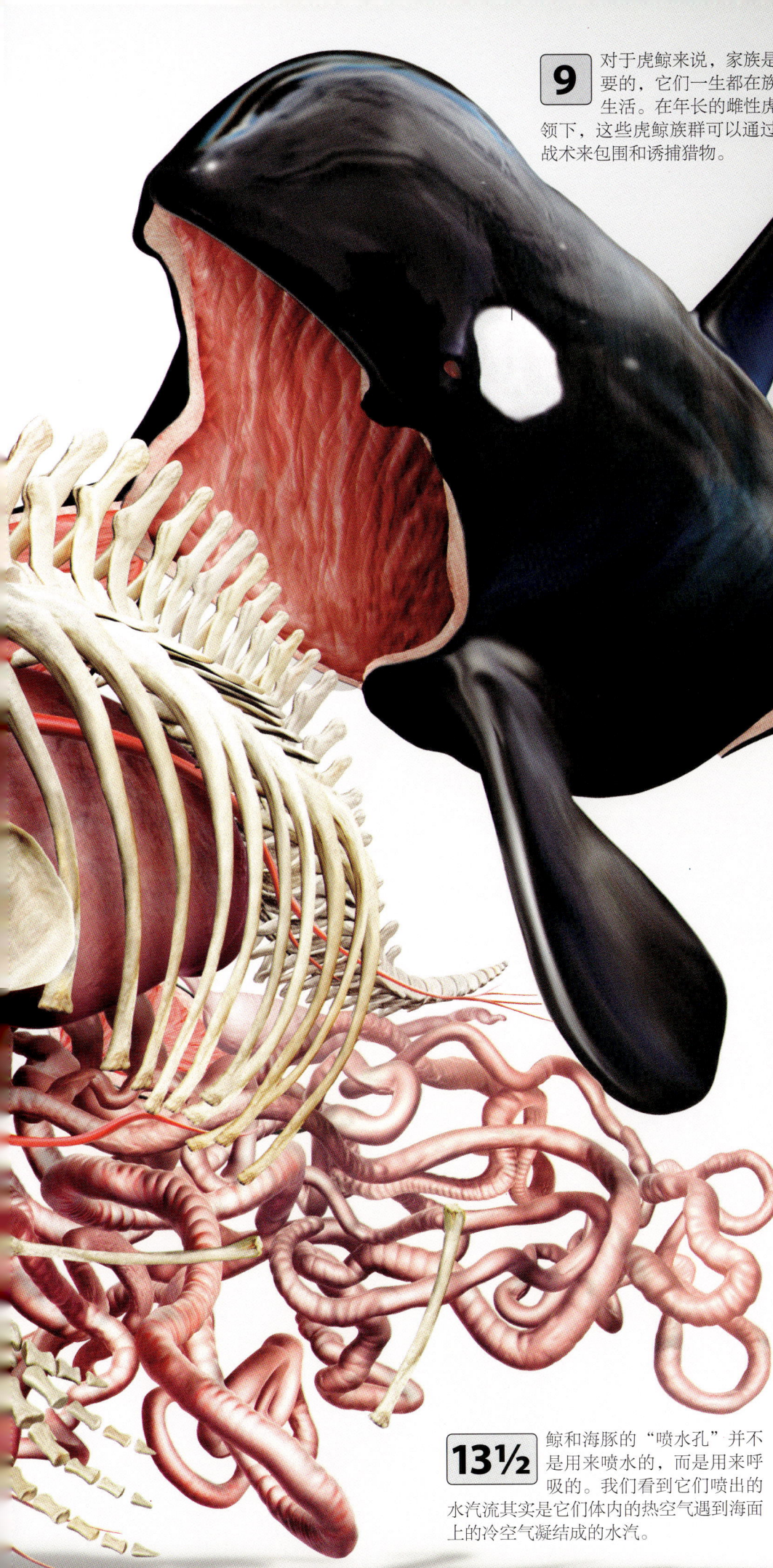

9 对于虎鲸来说，家族是最重要的，它们一生都在族群中生活。在年长的雌性虎鲸带领下，这些虎鲸族群可以通过团队战术来包围和诱捕猎物。

10 虎鲸背部的鳍可以防止它在游泳的时候失去平衡。雄性虎鲸拥有着水生生物中最高的鳍，可以达到将近2米高，比一般的成年人都要稍微高一点。

11 虎鲸睡觉的时候通常有一只眼睛是睁开的，每次睡觉都只有半个大脑在休息。另一半的大脑来保证呼吸，两边的大脑周期性地交替工作，从而保证每个部分都得到充分的休息。

12 虎鲸的尾巴可以达到2.7米宽，它向下拍打时可以产生巨大的力量，一次能够击昏一个多达16条鱼的鱼群，可以更容易捕食猎物。

13 人类是唯一能够对虎鲸造成威胁的动物，而海鸟、章鱼、鱿鱼、海龟、鱼，甚至鲨鱼都是虎鲸长满锋利牙齿的口中的猎物。虎鲸每天都要吃超过200千克的食物。

13½ 鲸和海豚的"喷水孔"并不是用来喷水的，而是用来呼吸的。我们看到它们喷出的水汽流其实是它们体内的热空气遇到海面上的冷空气凝结成的水汽。

感应声音

虎鲸和海豚使用回声定位来进行交流和狩猎。它们发出咔嗒声，声音在水中传播，到达目标后返回。虎鲸根据这些返回的声音，就可以确定目标物体的大小、形状和位置，以及其他同伴的位置。回声定位给它们提供了环境的三维图像，帮助它们发现猎物并避开障碍物。

1. 虎鲸脑袋上一个叫"额隆"（圆鼓鼓的东西）的脂肪部分将咔嗒声聚成一束声波。

2. 声波从虎鲸的前方发射出去。

3. 声波从诸如鱼之类的物体上反弹回来，并被虎鲸接收。

4. 回声通过下颌传到耳朵和大脑。

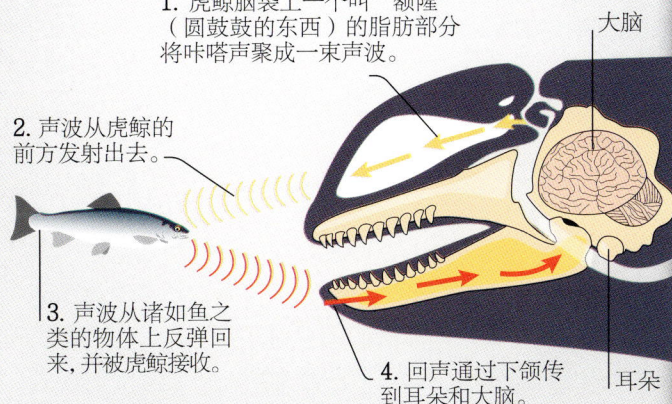

大脑

耳朵

1 史前人类不用数字，而是通过在木头、骨头和石头上面做记号来记录他们有多少东西。考古学家曾发现3万年前的骨头和鹿角上有凹口。

2 人们刚开始计数时都使用手。现代十进制的计数机制就是基于我们人类的10个手指头。如果人类只有8个手指头的话，我们可能就会用八进制来计数了。

3 有一些数字非常神奇，比如3。如果一个数中的每一个数字加起来是3，或者是3的倍数，那么这个数就能被3整除。比如5394，你会发现5+3+9+4=21，21是3的倍数，所以5394可以被3整除。

4 在大约5000年前，古巴比伦人发明了第一套数字系统，后来还出现了很多其他的计数机制。而我们现在使用的是1000多年前发明的印度-阿拉伯数字系统。

5 数字可以帮助我们理解形状，但圆形比较特殊。古希腊奇才阿基米德发现表明圆形的秘密就在于"π"，读作"pài"。这是一个无限不循环小数，一般用3.14来表示近似值。当已知圆的直径或半径的时候，它可以用来计算圆周长。

数字奇想

日常生活中，我们都离不开各种各样的数字。有些数字是奇数，有些数字是偶数。人们认为有些数字招财，而有些数字会带来恶运。如果没有数字，无法想象我们的生活将会变成什么样子，你不知道你的生日是什么时候，也不知道你的年龄多大。

13½ "0"这个数字感觉像是什么都没有，但它确实有一些意义。它在数学、时间、日期、温度、分数线等方面充当着非常关键的角色。"0"这个数字是古印度人发明的，它用一个圆来表示，叫作"sunya"，在梵文里面表示"空洞""虚无"。

6 极限是一个数学概念，通常代表无限靠近而永远无法到达。所以，不管你曾经听到过其他什么说法，但可以肯定的是，"极限"是没有尽头的，也不可能到达。

7 7这个数字特别流行。比如世界7大奇迹，彩虹有7种颜色，一周有7天，7个小矮人，以及7大洲。

8 许多文化和习俗都给一些数字赋予了特定的含义。在中国某些方言中，数字8与"发"谐音，代表发财。比如房屋门牌号、电话号码、车牌号等，都用8来象征吉利、富贵。

9 对于比较棘手的计算，使用电子计算器是非常便捷的。尽管如此，某些国家的人们依旧喜欢用算盘。算盘其实在几千年前就出现了，它是使用算珠来进行计算的。据说1957年苏联发射第一颗人造卫星时，就使用了算盘进行计算。

10 当有了数字之后你就可以去测量一些东西，包括长度、高度、体重、地震的严重程度，甚至是辣椒的辣度。辣椒的辣度使用史高维尔指标来衡量，最小值是0，最大值是2200000，最高纪录是由卡罗莱纳的"死神辣椒"创下的。

11 如果一个数只能被它自己或1整除的话，那么这个数就叫素数。比如2（唯一的偶素数）、3、5、7、11等。利用这种不能被其他数整除的特性，用素数来当作密码更不容易被破解。所以素数一直因其作为安全密码而颇受赞誉。

12 随着社会的发展，我们认识的数字越来越大。1920年，美国数学家爱德华·卡斯纳问他侄子，如果1后面有100个0，那么这个数该叫什么？他的侄子想出来一个名字叫"古戈尔"。如果1后面有1古戈尔个0的话，那这个数字就叫作古戈尔普勒克斯。这是迄今为止有名字的最大的一个数字。

13 在某些国家，数字13是不吉利的。至于其原因，有着各种各样的说法。罗马人觉得这个数字意味着破坏，而基督教信徒将其与叛徒联系在一起——第13个信徒犹大背叛了耶稣。因此许多大酒店都没有13层，某些飞机上也没有第13列座位。

蜜蜂的嗡嗡声来自翅膀迅速振动的声音——每秒超过200次，或者每分钟12000次。蜜蜂有两对翅膀，被叫作翅钩的钩状物连接在一起。 **3**

蜂群

一个蜂群内部，主要有3种角色：工蜂、雄蜂和蜂王。雄蜂的主要工作是和蜂王交配，然后蜂王每天产下2000个卵。雌性工蜂采集花粉和花蜜、生产蜂蜜、打扫蜂巢的卫生、孵化蜂卵和哺育幼虫。一个典型的蜂群包含大约60000只工蜂、300只雄蜂、1只蜂王和多达30000个蜂卵和蜂蛹。与工蜂相比，雄蜂的翅膀和体形

1 花粉存在于花朵中，它是一种高蛋白的可食用物质，且花粉中的花蜜也是蜜蜂的重要食物，它们利用花蜜来制造蜂蜜，供蜂群食用。蜜蜂要采200万朵花，飞80000千米才能制造出500克蜂蜜。

2 图中的蜜蜂是雌性工蜂，采集花粉和花蜜的都是它们。工蜂的平均寿命只有5至6个星期，其一生只能生产1/12茶匙的蜂蜜。

雄蜂

蜂王

工蜂

更大，但没有螫针。蜂王有一个长长的腹部，包含特殊的产卵器官。工蜂拥有更长的吸管和倒钩刺，但体重只有雄蜂的一半。

忙碌蜜蜂

世界上有2万多种蜂，其中蜜蜂是最出名的。这些蜜蜂有着超强的感官以及尖利的刺，它们非常勤劳，每天都要在花丛中东奔西跑，传授花粉。

4 蜜蜂的触须非常敏感，上面有成千上万个嗅觉感受器。蜜蜂可以区分不同类型的花朵，并且能在几米外探测出一朵花是否含有花粉和花蜜。

5 蜜蜂用它吸管状的舌头（也叫口器）来吮吸花蜜。返回蜂巢后，它们吐出花蜜。其他工蜂会对着这些液体花蜜挥动翅膀，减少其中的水分含量，使其变成浓稠的蜂蜜。

6 早在公元前15000年，人类就开始收集野生蜂蜜了。那时古埃及人就筑巢饲养蜜蜂，人们还在法老的坟墓里发现了蜂蜜。蜂蜜如果保存得当，几乎不会变质，所以即使放置3000年，依然还可以食用。

7 蜜蜂头部两边的复眼由成百上千个小眼睛组成。蜜蜂有能力探测到以每秒1～300次的频率发生的运动。在电影屏幕上，人们看到的是流畅的影片，但是蜜蜂能够区分每一帧的画面。

8 美国和欧洲的科学家们通过让蜜蜂同时闻到炸药和糖的气味，以此来训练蜜蜂建立起糖和炸弹之间的反应联系。如果蜜蜂闻到了炸药的味道，就会像闻到甜味一样，伸长它们的喙。在实验室测试中蜜蜂表现良好，但要在真实情境中实践仍然是很有挑战性的。

9 蜜蜂通过跳舞来告诉蜂群中其他蜜蜂美味的食物在哪里。蜜蜂会来回地摇摆它们的身体，跳"8"字舞。舞动的角度代表着食物源的方位，而摇摆的速度代表了食物源的距离。

10 蜜蜂通过把花粉吸入身体，然后把花粉从一朵花传递到另一朵花的方式来对植物进行授粉。蜜蜂是最重要的传粉者之一，它们授粉的植物加起来占我们所有粮食作物的1/3。没有蜜蜂，许多我们非常喜欢的水果和蔬菜会大量减产。

11 蜜蜂后腿上的刚毛垫充当"花粉篮子"的作用：蜜蜂把花粉装在"篮子"里便于带回蜂巢。一只蜜蜂携带的花粉质量可以达到它体重的一半。

12 蜜蜂已经存在了几千万年的时间，但是现在蜜蜂的数量正在以前所未有的速度迅速减少。在欧洲和美国出现一种神秘的现象，有时候所有的工蜂会突然舍蜂巢而去，几乎一半的蜂巢因为种群崩溃混乱而消失。

13 成群的机械蜜蜂听起来像科幻小说里的故事人，但是美国正在开发蜜蜂机器人。这些微型机器人大概只有回形针一半大小，翅膀是由人造肌肉来控制的。未来这些小机器人可以用来传粉。

13½ 大家都知道蜜蜂在蜇人之后就会死去。但是蜜蜂只有蜇了哺乳动物之后才会死，这是因为螫针会嵌入哺乳动物的肉里面，当蜜蜂飞起来，螫针就会断裂掉。因此蜜蜂蜇其他昆虫不会死去。

消化之道

你吃的每一顿饭都需要一天或者更长的时间才能在你的消化系统里走一遍。食物经过咀嚼和搅拌成为小块，然后消化液把它们分解成重要的营养物质被血液吸收。

你的消化系统每天产生大约1升气体。一部分气体是由细菌产生的，而且会散发一种臭鸡蛋的气味。 **11**

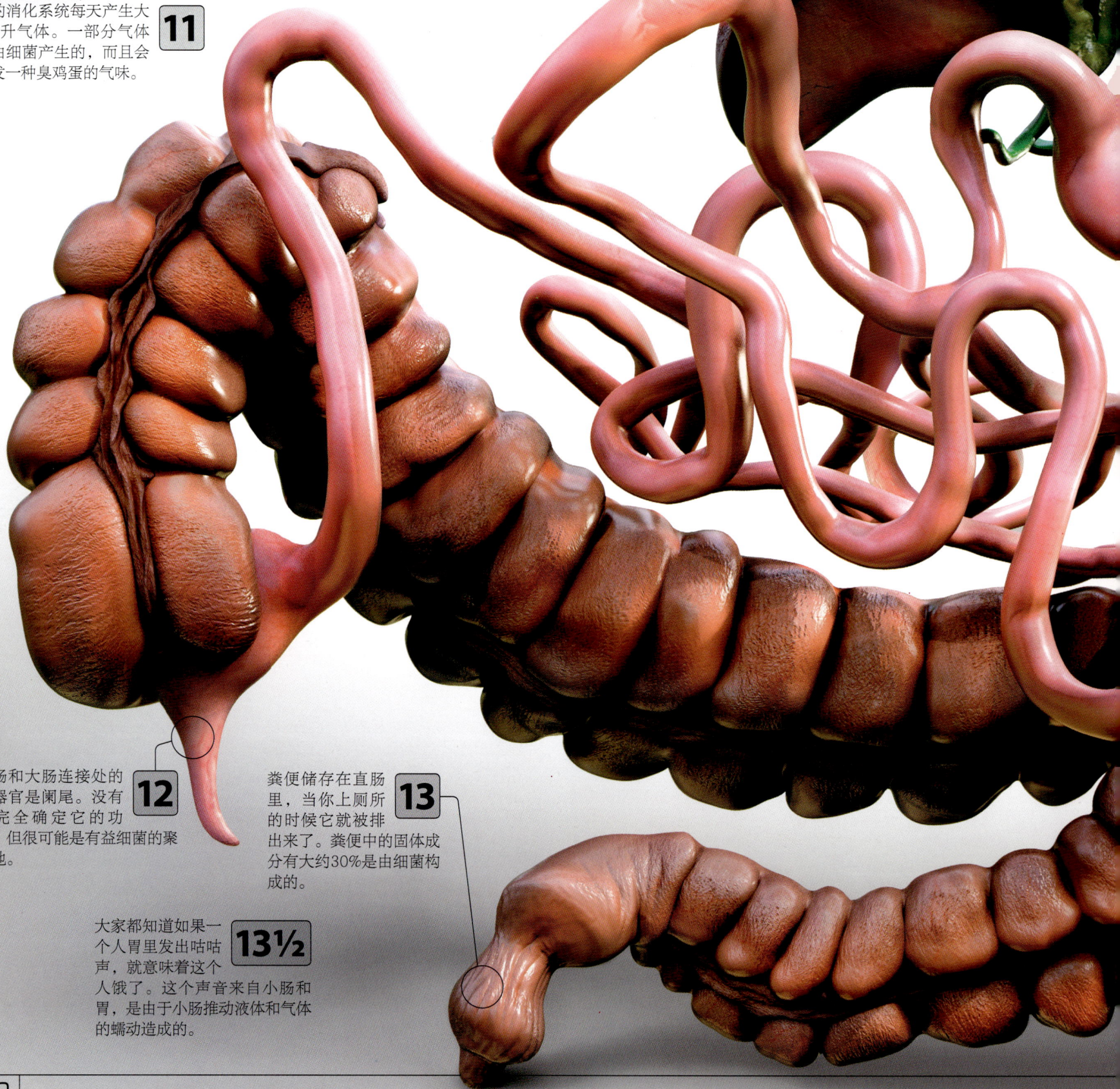

小肠和大肠连接处的小器官是阑尾。没有人完全确定它的功能，但很可能是有益细菌的聚居地。 **12**

粪便储存在直肠里，当你上厕所的时候它就被排出来了。粪便中的固体成分有大约30%是由细菌构成的。 **13**

大家都知道如果一个人胃里发出咕咕声，就意味着这个人饿了。这个声音来自小肠和胃，是由于小肠推动液体和气体的蠕动造成的。 **13½**

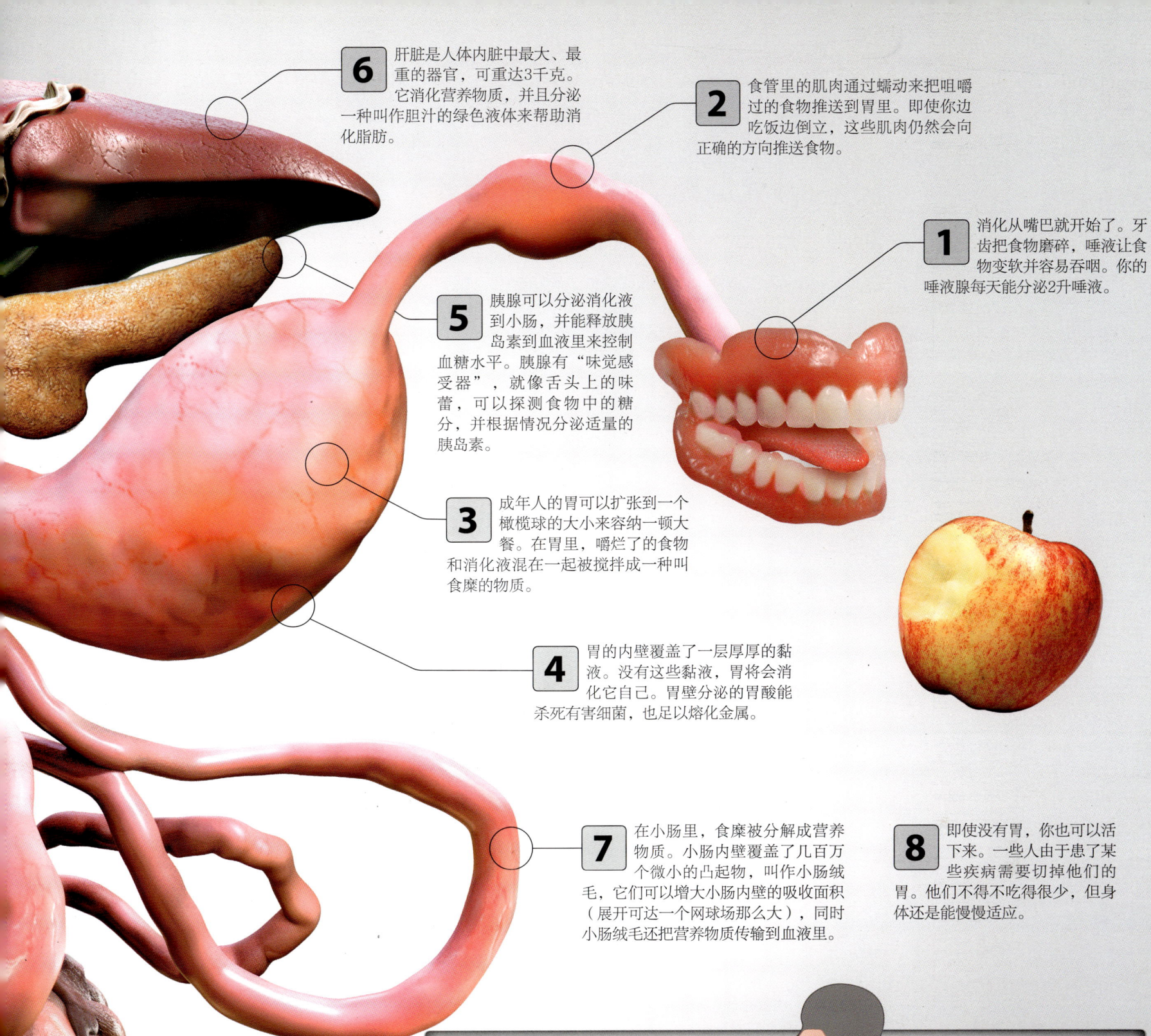

6 肝脏是人体内脏中最大、最重的器官，可重达3千克。它消化营养物质，并且分泌一种叫作胆汁的绿色液体来帮助消化脂肪。

2 食管里的肌肉通过蠕动来把咀嚼过的食物推送到胃里。即使你边吃饭边倒立，这些肌肉仍然会向正确的方向推送食物。

1 消化从嘴巴就开始了。牙齿把食物磨碎，唾液让食物变软并容易吞咽。你的唾液腺每天能分泌2升唾液。

5 胰腺可以分泌消化液到小肠，并能释放胰岛素到血液里来控制血糖水平。胰腺有"味觉感受器"，就像舌头上的味蕾，可以探测食物中的糖分，并根据情况分泌适量的胰岛素。

3 成年人的胃可以扩张到一个橄榄球的大小来容纳一顿大餐。在胃里，嚼烂了的食物和消化液混在一起被搅拌成一种叫食糜的物质。

4 胃的内壁覆盖了一层厚厚的黏液。没有这些黏液，胃将会消化它自己。胃壁分泌的胃酸能杀死有害细菌，也足以熔化金属。

7 在小肠里，食糜被分解成营养物质。小肠内壁覆盖了几百万个微小的凸起物，叫作小肠绒毛，它们可以增大小肠内壁的吸收面积（展开可达一个网球场那么大），同时小肠绒毛还把营养物质传输到血液里。

8 即使没有胃，你也可以活下来。一些人由于患了某些疾病需要切掉他们的胃。他们不得不吃得很少，但身体还是能慢慢适应。

9 医生会用一种叫内窥镜的工具去检查消化道里面的情况。世界上的第一个内窥镜是一个47厘米长的管子，远不如现在的设备柔软有弹性，必须雇用一个吞剑者来测试它。

10 消化道里有超过100万亿个细菌，它们大部分在大肠里。大肠也会消化食物，吸收营养成分。经过充分消化吸收后剩下的那团残渣就是粪便。

⌄⌄ 消化一餐

消化道是一个从口腔延伸到肛门的长长的管道。它有9米长，在腹腔里整齐地盘成圈。其中小肠约6米长，是大肠的4倍。一顿饭需要大约24个小时或者更多的时间才能完全被消化。在胃里面，食物会被搅拌成叫作食糜的糊状物，然后在小肠里面被消化、吸收。营养物质被吸收到血液里，废物通过肛门排出体外。

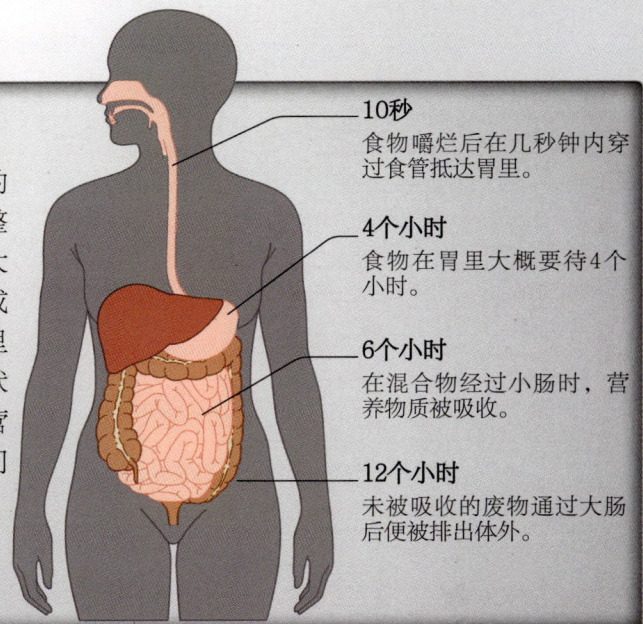

10秒
食物嚼烂后在几秒钟内穿过食管抵达胃里。

4个小时
食物在胃里大概要待4个小时。

6个小时
在混合物经过小肠时，营养物质被吸收。

12个小时
未被吸收的废物通过大肠后便被排出体外。

奇妙土星

这颗巨大的气态星球是太阳系中距离太阳第六远的一颗行星，也是太阳系中第二大的行星。土星以它壮丽的土星环著称——几十亿个冰粒悬浮在太空中，并反射着太阳的光芒。

1 土星是一个巨大的行星——太阳系中除木星外第二大的星球，足以容纳764个地球。土星是在地球上能用肉眼看到的最远的行星。

2 土星主要由氢和氦组成。在多风暴的上层大气层里，风速可以高达每小时1800千米，上层大气层里只有气体。在土星内核深处，强大的压力把气体变成液体。

3 土星环是由水冰构成的，一些大如房屋，一些小如尘埃。土星在46亿年前形成，但它的行星环被认为是在1亿到1000万年前形成的，那时候恐龙还在地球上游荡。

4 萨图恩（Saturn）是罗马神话中农神的名字，土星是用他的名字命名的。罗马会在每年12月举办一个节日来纪念农神。在节日当天，人们参加宴会，做游戏和馈赠礼品。这可能对后来基督教圣诞节的设立产生了一定影响。

5 土星的自转比太阳系其他任何行星都要快，土星的一天只有10小时33分38秒。这种快速的自转导致土星的赤道膨胀，南北极变得扁平。

6 土星上的一天比较短暂，但是一年的时间很长。土星离太阳的距离大概是15亿千米，它需要超过29个地球年的时间才能完成一次公转。

7 土星离地球的最近的距离是12亿千米。如果你坐上一辆汽车，以平均每小时110千米的速度从地球出发，需要1245年的时间才能到达土星。

8 土星至少有82个卫星。泰坦是土星最大且唯一一拥有云和稠密的大气的卫星。它有湖泊和海洋，并且下液态的甲烷和乙烷雨。

9 意大利的天文学家伽利略·伽利雷于1610年发现土星的行星环，但是他不知道这是什么，于是把它们描述成"耳朵"。在17世纪50年代，荷兰天文学家克里斯蒂安·惠更斯认识到这些"耳朵"实际上是土星环。

⌄ 土星内部构造

土星大部分由氢和氦构成，中心是由一小块岩石构成的内核。最外面是由气体构成的大气层。再往深处，气体的重力把氢和氦压缩成液体。在更深处，液体被压缩得非常厉害，变成了一种带磁性的金属态。

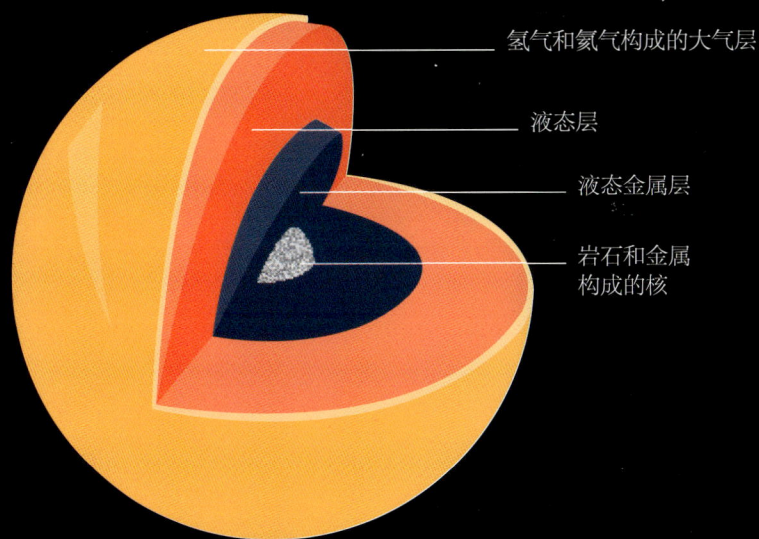

氢气和氦气构成的大气层

液态层

液态金属层

岩石和金属构成的核

10 土星环最大最明亮的是A环和B环，D环和C环在最内侧，E、F、G环在外侧。在它们之间的间隙空间里几乎什么都没有，甚至主环大部分空间也是空的——仅仅3%的空间含有物质。

11 土星环的总质量预计可达 1.54×10^{19} 千克。这个数字听起来好像很大，但是实际上它仅仅是南极冰盖质量的一半。

12 土星环的宽度约20万千米。但行星环非常薄，主环仅仅只有约10米厚。

13 主环是紧密聚集且在不断变化的。密集的颗粒挤在一起组成大团块，然后破碎又生成新的团块。外层的星环大部分都是由尘埃大小的颗粒构成的。

13½ 土星经常被称为"带环的行星"，很多人会错误地认为它是唯一一个带环的行星。其实木星、天王星、海王星都有行星环，只是它们的行星环比较暗淡。

1 角雕是亚马孙热带雨林里最大的、会飞的捕食者，它能用10厘米长的利爪（和灰熊爪子一样长）从树梢上突然抓走猴子。

2 鸵鸟是用两条腿行走的动物中奔跑速度最快的。它能以70千米/时的速度摆脱捕食者。鸵鸟高达2.8米，是世界上最大的鸟，但它也因为体形太大而飞不起来。

3 紫翅椋鸟原产自欧洲，北美所有的紫翅椋鸟都是从一位莎士比亚爱好者于1890年放生的60只紫翅椋鸟中繁衍下来的。这个人曾尝试引进英国所有剧作家作品里的鸟类。

4 鹦鹉很聪明，紫蓝金刚鹦鹉会拿木头当楔子打开坚果。一些品种的鹦鹉和3岁婴儿的智力一样：亚历克斯是一只非洲灰鹦鹉，它可以数到6，并且知道超过100个单词。

5 暴风鹱（hù）的胃油（发酵的鱼油、胃酸和鱼废料混合物）有令人作呕的气味，它们会把胃油喷射在靠近的入侵者身上。

6 如果要选"叫声最大的鸟类"，鸮鹦鹉绝对是这一称号的有力竞争者。雄性鸮鹦鹉的叫声能传到5千米外的地方。它们用不间断的叫声来吸引异性，每晚8个小时，持续5个月之久。

7 孔雀的尾上覆羽长在它的尾端上面，可达1.6米长。当孔雀开屏时，会发出沙沙的低音来吸引异性，但是对人类来说，这声音太小了，根本听不到。

8 鹈鹕是所有鸟类中鸟喙最长的一类，它可以舀起几十只小鱼，甚至是落单的海鸥和鸭子。在鹈鹕吞掉猎物之前，它会排出14升的水。

鸟之羽翼

有超过10000种鸟类生活在地球上。这些由恐龙演变而来的恒温动物遍布每一个大洲，它们的翅膀如此有力，几乎没有其他动物可以像它们一样统治整片天空。

13 雄性的织布鸟会找到许多条约1米长的棕榈叶和大片杂草，并用嘴一根一条地衔着，建造一个非常精美的球状巢。当有雌鸟搬进去时，鸟窝才算完工。

13½ "笨鸟"是一个贬义词。其实鸟类有和灵长类动物一样多的脑细胞，只是它们被装进一个更小的空间而已。许多鸟类可以自己解决很多捕食时遇到的问题，有的鸟类甚至会使用工具，如一些乌鸦会把昆虫穿在小棍子上。

12 海鹦可以为了它的幼鸟飞到100千米外去捕捉小鱼。为了一次能多带些食物回去，它们把潜水时捕捉到的很多小鱼堆叠，储存在嘴里，一次最多可以携带62条鱼。

10 鸟的体内有能感应地球磁场的罗盘，这使它们在栖息地和越冬地之间迁徙时保持正确的航向。北极燕鸥的迁徙纪录为96000千米。

11 蜂鸟的翅膀每秒能拍打200次。蜂鸟是以花蜜为食物获取能量的，而且能在几小时内喝下和它们体重一样重的花蜜。

洪堡企鹅

翼手鱼

羽毛的结构

鸟类是目前唯一拥有羽毛的生物，这些羽毛肩负着飞行、隔热、伪装和求偶展示等多个任务。羽毛是由大量附在羽轴上的羽枝构成的。羽枝依次排列在一起形成一个光滑的表面。鸟儿们经常用嘴整理自己的羽毛，保持羽毛整齐干净，也会把从尾脂腺分泌的油脂涂满羽毛，这样就能保持羽毛的防水性。

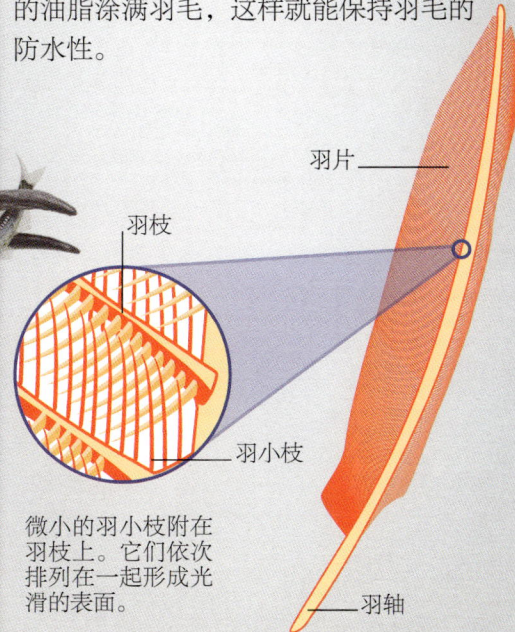

羽片

羽枝

羽小枝

微小的羽小枝附在羽枝上。它们依次排列在一起形成光滑的表面。

羽轴

9 企鹅不会飞，只能在陆地上笨拙地蹒跚，但是当它们把僵硬的翅膀当作游泳的脚蹼来用时，就能很灵活地在水中遨游。有一些企鹅甚至能下潜到585米的深处，并在水下待20分钟之久。

维京海盗

斯堪的那维亚半岛的海盗们除了嗜杀的名声，还是杰出的造船者和海员。自公元8世纪末期之后的300年间，他们开始航海、探险，开展海上贸易，并沿着欧洲海岸线一路抢劫。

1 维京海盗们会根据不同地理条件（内陆河或开阔大海）和不同用途（货运或战争）而建造不同的船只。只有最长的船只才用来抢劫。这种维京长船可以开向海滩，发起登陆闪击战——突袭后快速逃离。

2 维京海盗的航海路线不仅遥远而且范围更广。大约在公元1000年左右，他们成为第一批到达北美洲的欧洲人——比克里斯托弗·哥伦布要早500年。

3 当维京海盗返航快要到达家乡的时候，他们会沿着海岸线寻找地标。他们不用海图和罗盘，而是依靠太阳、月亮和星星来导航，并学着辨认海鸟和海中生物来找到回家的路。

4 每艘船都有一个用木头制作的超大横帆。横帆会被放下来，帆布可用来保护全体船员免受恶劣天气的侵害。

5 船上的生活非常单调，也没有厕所。海员们在有毛皮衬里的睡袋里睡觉。为了防止火灾，他们燃烧的是用尿液浸泡过的真菌，这样就会阴燃而不会冒出火苗。

6 在对维京海盗定居点的考古挖掘工作中，已经发掘出刮胡刀、梳子、甚至由动物骨头制作的耳朵清理工具。一些人会漂白他们的头发，这些斧头军士们似乎非常在意自己的外貌，或者也可能只是为了去掉头虱。

7 这些船采用交叠的木板结构，非常牢固。他们会用沥青浸泡过的动物毛发来填充缝隙，让船只密不透水。当遭遇狂风暴雨时，就必须把船舱内的积水舀出去。

8 每一个维京海盗都有一个圆形的木质盾牌，这些盾牌都被排列在沿着船只边沿的挂物架上。盾牌中心处的把手部分镀了一层金属，既可以用来保护拿盾牌的手，又可以方便灵活地运用盾牌。

9 没有风的时候，全体近60名船员打开桨门，用桨划船。他们都坐在船腹里，并将所有携带的物品放在船腹里。船舵位于船只的右侧。到今天，海员们仍然会用"starboard（右舷）"代表右方。

10 维京海盗不抢劫时，大部分人选择了务农。在遥远的北方，他们会为了奶、肉和兽皮去饲养驯鹿等动物。他们经常会穿上滑雪板、溜冰鞋，驾着雪橇到处转转。

11 海盗们经常在舰首装上非常吓人的龙头或蛇头。这是为了恐吓对方，同时也希望避开海里的怪兽和幽灵。尤其是安装米德加德巨蛇船头，会使维京海盗最难缠的对手感到害怕。

12 航海的不仅仅只有男人。有相当多的维京女人也进行远航，并在爱尔兰、冰岛、苏格兰和格林兰岛定居。

13 大部分的维京海盗船已经腐烂掉了。在几条幸存下来的船只中，有一艘船只的龙骨是一个单块橡木板，这是从一株和蓝鲸一样长，至少25米高的橡树上砍下的。

13½ 一个讹传是维京海盗都戴牛角头盔。尽管自从19世纪以来关于维京海盗的形象就包括这个特征，但事实上，对于战斗来说，牛角做成的头盔太重了。

风卷残云

当一朵风暴云同时引发大雨、暴风、打雷和闪电的时候，场面是非常壮观的。最危险的雷暴类型是由超级单体雷暴引起的，甚至会产生更极端的天气：强冰雹、狂风和龙卷风。

1 雷暴在高耸的积雨云里诞生。当暖空气从地球表面升起时，积雨云会在湿热的天气下迅速地变大。当积雨云在上升的过程中遇到冷空气，就形成了小水滴和冰晶。

2 一朵积雨云可以在大气中延伸12千米远。强气流以160千米/时的速度在云层中上下对流，使积雨云变得越来越高。

3 图中展示的是一场发生在美国位于中西部大平原的内布拉斯加州（该地区属于"龙卷风走廊"的一部分）的龙卷风，像这样的风暴被称为超级单体。当上升的暖空气在不同高度被不同方向的强风吹着旋转起来就形成了超级单体。它包含了巨量的水汽，并能持续好几个小时。

4 地球上每时每刻都会有大约2000起雷暴发生，一年大约1600万起。

5 超级单体是雷暴天气中比较常见的类型，也是破坏力最大的一种，经常会带来强冰雹。历史纪录中最大的冰雹于2010年在美国南达科他州降落，它重达惊人的1千克，是网球的3倍大。

6 龙卷风是一种强对流天气，是超级单体旋转漏斗状的云层延伸到地面上形成的。气流上升速度可以达到240千米/时，就像一个巨大的真空吸尘器。它能掀开屋顶，甚至能把鸡身上的毛拔光。

7 1999年袭击美国俄克拉荷马州的龙卷风打破了历史最高纪录——484千米/时。1925年，美国历史上最致命的龙卷风在密苏里州、伊利诺斯州、印第安纳州造成了700多人丧生。

13½ 以前有一种错误的说法：闪电从不在相同的地方袭击两次。其实闪电可以重复地袭击高大的物体。自从自由女神像于1886年矗立在纽约市以来，她遭受的闪电袭击超过600次。

13 一场冰雹灾害成为法国大革命爆发的导火索之一。1788年，法国因为战争正陷于经济危机的泥沼里。春天的旱灾又把食物的价格推高到大部分人都无法承受的地步。与此同时，一场冰雹又摧毁了庄稼和农场，这些挨饿的法国平民就起来造反了。

12 调查表明，男人遭到闪电袭击的次数比女人多5倍，很可能是因为在户外工作的男人比女人多。一个特别不幸又万幸的男人——美国公园管理者罗伊·沙利文，曾遭到7次闪电袭击，好在他活下来了。

11 如果在暴风雨中你的头发竖立着，这是一个坏消息，说明你身上的正电荷正升到头顶去接近云层底部的负电荷。赶快跑到室内吧！

10 闪电可以把空气加热到30000℃，是太阳表面温度的5倍。周围的空气以超声速膨胀，从而产生打雷的轰隆声。

闪电可以在云层底部和地面间发生，也可以在云层内部或者在云和云之间发生。一些超级单体每小时可以发生15000次闪电袭击。 **9**

在这样的云层里，小水滴和冰晶互相撞击，以及空气对流等使云中产生静电，就像电池一样给云层充电。正电荷在顶端，负电荷在底端。最后这些电荷能产生高达1亿伏的电压，并且像一束光一样闪过。 **8**

1 在已知的10万种
软体动物中，蜗
牛和蛞蝓占了3/4以上。
女王凤凰螺是众多水生蜗牛中的
一种，它用一只肌肉"脚"在海底
行走。

头足类动物（章鱼、鱿
鱼、墨鱼）是最聪明的
无脊椎动物。曾经有一
只聪明机灵的章鱼，通过排水
管，从水箱里溜出去，成功地
逃离出了新西兰的一个水族馆。 **3**

乳光枪乌贼

这只北太平洋巨型章鱼可以
长到3米长。章鱼是"柔术"
专家，它们能够收缩全身从 **2**
一个硬币大小的洞里通过。

软体动物

花园里的蜗牛是一种典型的软体动物，该物种种类繁多，
包括小蛤蜊和巨乌贼等。大多数软体动物生活在水中，它
们通常会藏在坚固的壳里。

4 蜗牛黏液可能是你生病时最不想吃的东西，但古希腊人把它当作止咳糖浆。他们还把它用在美容产品中，用来软化皮肤。现在蜗牛黏液仍然在一些美容护肤品中使用。

5 充满活力的西班牙披肩海蛞蝓是众多海蛞蝓中既会游泳也会爬行的动物之一。它扭动、弯曲两侧身体，便可从海底游上来。

6 这种法螺不仅有着漂亮的贝壳，它还是一个凶残的捕食者，是唯一一种捕食棘冠海星的动物。棘冠海星经常发生暴发性地繁殖，并对珊瑚礁造成极大的伤害。

7 帽贝是水生蜗牛，它们紧紧地附着在岩石和其他物体表面。它们体形虽小，但却十分强大，构成它们小牙齿的物质是最坚硬的生物材料。

8 大多数头足类动物会喷射墨汁刺激和迷惑攻击者。它的威力如此之大，以至于一只章鱼如果无法及时逃离自己的墨汁，就会"自取灭亡"。

9 尽管墨鱼是色盲，但它们可以瞬间改变身体的颜色，以适应周围的环境。墨鱼的皮肤里有大约1000万个彩色细胞，可以创造出无数令人眼花缭乱的图案。

10 鸡心螺可以通过像鱼叉一样的齿舌注射毒液，是所有腹足类动物中毒性最强的动物，强到足以毒死一个人。

11 生长缓慢的海蛤以507岁高龄保持着世界上最长寿的软体动物的纪录。不幸的是，这个打破纪录的海蛤已经去世了。它是被那些试图确定它年龄的科学家们意外杀死的。

12 生活在印度洋和太平洋的库氏砗（chē）磲（qú）是世界上最重的软体动物，体重相当于两只小象。

13½ 许多人把章鱼的8条肢体称为触须，但它们实际上是触手。整个触手上都有吸盘，而触须只有末端才有吸盘。

13 扇贝是双壳贝类，有两个铰链壳。与其他的双壳贝类不同，它们有一种不同寻常的游动方式——通过不停地开合两个外壳在水中快速地穿梭。

关注地球

我们需要关注我们的星球。但更重要的是，我们需要行动起来。我们赖以生存的地球发生了变化，我们需要改变，这样地球才能继续运转，生命才得以继续循环。

1 人类已经占领了地球。仅在90年前，世界人口就达到了20亿。现在人口已经超过了70亿。自1960年以来，人口数量已经翻了一倍。其中有一半的人住在城市，他们都需要食物、水和能源。

2 随着人口的增长，人类占领了越来越多的土地。目前世界上1/3的土地用来种植庄稼和饲养动物，我们需要更多的土地来维持人类生存，并提供其他资源。

3 地球可以养活至少800万种动物和植物。但许多物种的数量非常少，而且有很多已经濒临灭绝。由于赖以生存的竹林被砍伐，世界上只剩下大约1800只野生大熊猫。现在，人类不断地努力保护它们的栖息地，它们的数量正在逐渐增多。

4 地球上生命的存在依赖于太阳的能量。二氧化碳和其他气体具有吸收大气中太阳热辐射的功能，其作用就像栽培农作物的温室，因此称为温室效应。当我们向大气中释放更多二氧化碳时，就会有更多的热量被吸收，地球的温度就会越来越高。

5 自1970年至今，全球平均气温上升超过0.5摄氏度。这听起来似乎并不多，但足以融化大量北极和南极的冰。这是由温室效应增强引起的，也和燃烧煤炭、石油和天然气释放的二氧化碳气体有关。2016年，194个国家和欧盟签署了一项减少温室气体排放的条约。目前，美国已经退出这个条约。

6 气候变化可能导致生物的大规模灭绝，威胁地球上所有的生命。我们可以利用可再生能源来解决这个问题，将太阳能或风能转化为电能，而不是燃烧富含碳的燃料。在瑞典，有一半的电是从可再生能源中获得的，并且计划到2050年实现完全使用可再生能源。

7 我们都可以通过减少对碳的使用量来减缓气候变化。二氧化碳的排放量来源于我们的日常活动中。平均每年每个人大约产生10吨的碳排放量。比如使用节能灯泡这样的简单举动就能帮助减少碳排放。

8 目前全球最严峻的问题之一是森林的破坏，这威胁到地球上数量庞大的野生动物的栖息地。树木可以吸收二氧化碳，因此森林面积减少会加剧温室效应。一些国家，如哥斯达黎加，已经找到了保护热带雨林的有效方法——将它们变为风景迷人的旅游胜地。

9 海洋也陷入了困境。过度捕捞使鱼类资源达到了历史最低水平，而鲸鱼、海龟和海鸟等动物因误食海中大量的塑料品和其他废弃物而死亡。塑料可能需要数百年的时间才能被分解。据估计，到2050年，海洋中的塑料垃圾的数量将比鱼还多。

10 化学品、污水和垃圾是陆地和海洋污染的主要问题。许多材料，如塑料和玻璃都可以回收再利用，这是一种既能节约能源又能减少污染的方法。再生纸所消耗的资源比首次生产要少70%。

11 人类砍伐了许多森林用来放牧。如果我们都少吃肉，就能留下更多的森林。奶牛也是气候变化的罪魁祸首之一——大量的甲烷气体像风一样从奶牛的体内排出，这也是温室气体增加的一个重要原因。

12 如果我们不浪费，就不需要在土地上种那么多粮食。世界上1/3的食物不是被吃掉的，而是被扔掉了。如果扔掉的食物中仅1/4被保存下来，就能养活8.7亿饱受饥饿折磨的人。

13 水是最重要的资源之一，但全世界有约10亿人生活在水资源稀缺的地区。气候变化使问题变得更糟，迫使人们离开那些正在沙漠化的地区。其实，节约用水是很容易的，比如尽量多淋浴、少泡澡，淋浴比泡澡的用水量要少1/3。

13½ 有些人不相信气候变化是真实存在的，但97%的科学家认为全球变暖正在发生。不管真相如何，我们至少有很多方法可以减少地球上的污染。让我们一起行动起来吧！

1 阿姆斯特朗和奥尔德林的登月任务被称为阿波罗11号，他们是首次踏上月球的人类。同行的迈克尔·柯林斯没有登月，仅在月球轨道上停留。仅仅8天时间他们就旅行了1533792千米。

2 当时大约有6亿人，也就是当时世界上1/6的人口在电视上观看尼尔·阿姆斯特朗的首次太空漫步。航天员们在月球上待了约21个小时。在这21个小时里他们在月球上插上了美国国旗，拍了照片，做了实验，收集了岩石样本，而且休息时睡得也很好。

3 航天员们穿着航天服起飞、登月，并重返地球大气层。他们将航天服放在飞船内，飞船内的空间有一辆家庭汽车那么大。

6 一个巨大的、透明的塑料压力头盔，也是航天服的基本必备部分。在月球上行走时，需要戴上有遮阳板的面罩，面罩上有一副镀金的护目镜，可以防止太阳强烈的照射。

塑料压力头盔

这件航天服有一个加压层，被空气充满后密封。因此穿上它后，身体在月球上承受的压力与在地球上差不多。在真空中如果没有加压服，人的体液中的氮气就会膨胀。

5

高性能手表

4 航天服外面的部分是由14层不同的材料组成的。制造这件衣服的公司International Latex Corporation（国际乳胶公司）以内衣制造出名。

摄像机

登月装备

1969年7月20日，美国航天员尼尔·阿姆斯特朗和埃德温·巴兹·奥尔德林创造了历史，成为第一批登上月球的人。他们的航天服是他们生命的维持系统，也是他们在外星世界里唯一的保护屏障。

13½ 有人认为美国国家航空航天局（简称NASA）为阿波罗计划发明了特氟龙（一种极其耐热的材料）和魔术贴（Velcro，让航天员可以安心地躺在床上），其实这两种材料并不是由NASA发明的，且已经被广泛使用了很多年。但这项太空计划的确带动了许多技术创新，包括婴儿配方奶粉、气垫鞋底和数码相机中使用的芯片。

7 通信帽带有耳机和麦克风，航天员可以相互交谈，也可以和地面控制人员交流。它被戏称为"史努比帽"，因为戴上去很像卡通狗史努比。

8 背包里装着氧气、二氧化碳吸收设备和冷却水。这套衣服和背包加起来重82千克，大约是一个成年男性的体重。但在月球低重力的环境下，它会轻得多。

9 在阳光的直射下，月球上的温度可以达到121℃，所以在贴着皮肤的部分设计了一件"液体冷却服"，衣服里缝入了有循环冷却剂的管道。

10 手臂和腿上灵活的金属关节可以让航天员活动他们的四肢，否则这种加压服就是完全僵硬的，像一个充满气的轮胎。

11 航天员们在月球上穿着特殊的靴子。当他们登上月球表面后，再进入飞船摘下头盔时，就会闻到一种强烈如同"湿灰"和"火药味"的气味。这是在月球上停留了40亿年的尘埃的气味，它们被航天员所穿的靴子带进飞船。

12 在宇宙飞船里，航天员们用管子和塑料袋收集他们的排泄物。但在月球表面时，他们有特殊的内裤。奥尔德林是第二个踏上月球的人，但他说自己是第一个尿在航天服裤子里的人。

13 返回地球时，航天员们在太平洋上着陆。在入境美国时，他们像其他旅客一样填写入境卡。在"出发地"那一栏，他们写下了"月球"，并告知海关工作人员，他们所带的行李是月球上的尘埃和岩石。

ARMSTRONG

NASA

APOLLO II

雪上起舞

单板滑雪是世界各地数以万计的极限运动爱好者所热衷的山地运动。当你踏着滑板，高速滑下陡坡时，身体会受到来自外界的不同的力。

4 当推力或拉力作用于物体上，会使它加速、减速或改变方向。重力把所有物体都拉向地心。斜坡越高越陡，滑雪者到达斜坡底部时的速度越快。

3 为了完成这个高难度动作，滑雪者需要高速移动。重力使他以更快的速度下坡，而在滑坡上他通常是无法减速的。

1 单板滑雪是由滑雪、滑板和冲浪等极限运动演变而来的。20世纪60年代，美国人谢尔曼·波本为他的女儿制作了第一个滑雪板。单板滑雪（snurfer）是由"雪"（snow）和"冲浪"（surfer）两个词组成的。

2 为了在比赛中获胜，单板滑雪运动员需要表现出惊人的技巧。运动员先从斜坡上起跳（下页最右侧），同时在空中完成3次360度翻转，然后再平稳地降落到斜坡上。

13 当滑雪者落到地面上时，地面和滑板之间的力量迅速将他们下落的速度几乎变为零。然而，他的水平移动速度仍然很快，摩擦力也很小，所以可以继续以一定的速度下坡。

12 最后，当完成技巧动作下落时，滑雪者会伸直身体，并举起胳膊来减速。当快接触斜坡时，他会向后倾斜。身体越往后，停止得越快。

13½ 你可能认为滑雪比大多数运动更危险。事实上，人们更容易在踢足球、打篮球或玩橄榄球时受伤。

5 速度最快的单板滑雪运动员是法国人埃德蒙，他在2015年创下了203千米/时的纪录。单板滑雪的平均速度大约是48千米/时，瞬时速度可达64千米/时。

6 滑雪者在他们的滑板底部擦蜡，以减小摩擦力，达到更高的速度。摩擦力是任何两个表面接触的物体相互作用所产生的一种力。它是由两个表面原子之间数万亿个微小的作用力共同引起的，它们相互作用，并相互阻碍。

7 一个物体在同一个方向上匀速移动，直到有一个力作用于它时才能停止。这就是惯性。滑板者通过改变他的重心位置来增加滑板一侧的摩擦力，从而改变他的运动方向。

11 地心引力会将滑雪者向下拉。所以当他滑上斜坡时，上升速度开始变慢。在顶端跳起至最高点的瞬间，移动方向既不向上也不向下（瞬间静止，速度为零）。之后，下降速度再次开始增加。

10 圆形物体比长条形物体更容易翻转。当滑雪者紧抱自己蜷成一个球形时，他的翻转速度会快很多，这会让他有更多的时间来完成这个技巧动作。

9 滑雪场上最好的雪是新鲜、干燥、呈粉末状的。雪在滑雪板的挤压下融化，形成一层水膜，在水膜的作用下，滑雪板很容易滑动。

8 为了完成跳跃，滑雪者先加速下坡，再冲上坡道。当他到达斜坡顶部时，斜坡和滑板之间的力量改变了他的运动方向——上升到空中！

▼ 运动定律

科学家艾萨克·牛顿在1687年发现了运动定律，解释了力是如何改变物体运动的。当作用于物体的力平衡的时候，物体运动的方式将不变。当作用力不平衡时，其合力会改变物体的运动速度或方向。牛顿第一定律指出，任何物体都要保持匀速直线运动或静止状态，直到外力迫使它改变运动状态。

滑雪者是静止的。

滑雪者的脚施加作用力使滑板移动。

滑雪者脚跟用力，向后施力，使滑板停止运动。

运动

在斜坡的顶部，地面施加向上的力，用来平衡重力产生的向下的力。

当作用力压在前脚的脚趾上时，会推动滑雪板向前移动。

为了停下来，滑雪者把重心转移到他的脚后跟上。滑雪板倾斜，摩擦力逐渐使它停下来。

1 50000多年前，尼安德特人就开始用草药亚罗和甘菊治疗牙齿和胃部的疾病。现在，有大约25%的药物都来自于植物。

2 最古老的外科手术始于大约10000年前的欧洲和南美洲。这是一个血淋淋的过程——需要在颅骨上钻一个洞。这一手术被称为"环钻术"，目前人类仍在使用，当脑部有血凝块时，可以用这个手术来减轻脑部压力。

3 从公元前5世纪到19世纪末，人们都深信用水蛭吸走人体内的血可以恢复身体的健康，实际上这样只能使病人的体质变得更弱。被水蛭吸血的过程是无痛的，水蛭在咬人的时候会释放出一种减轻疼痛的物质。

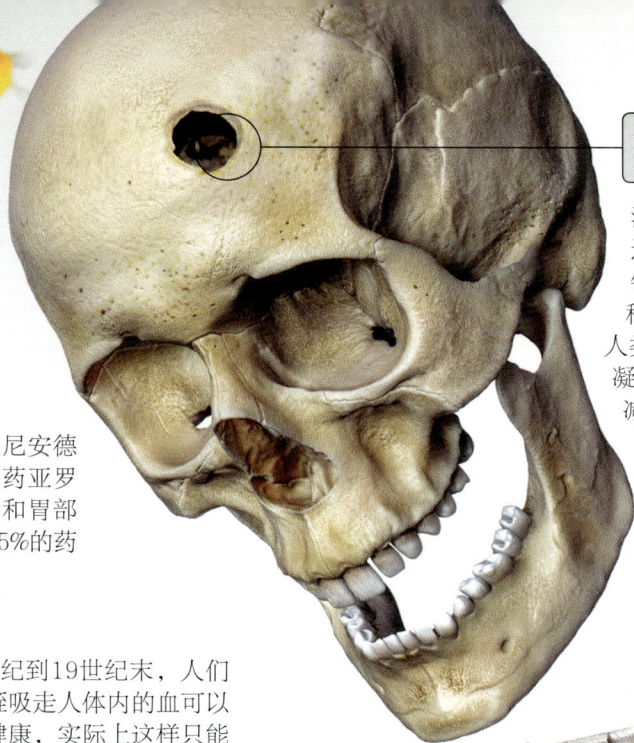

4 在现代医学出现之前，如果伤口感染了，切断四肢通常是唯一的选择。仅在第一次世界大战期间，就进行了大约42000次截肢手术。医生通常使用很钝的锯或刀，所以不能切得非常干净利落。

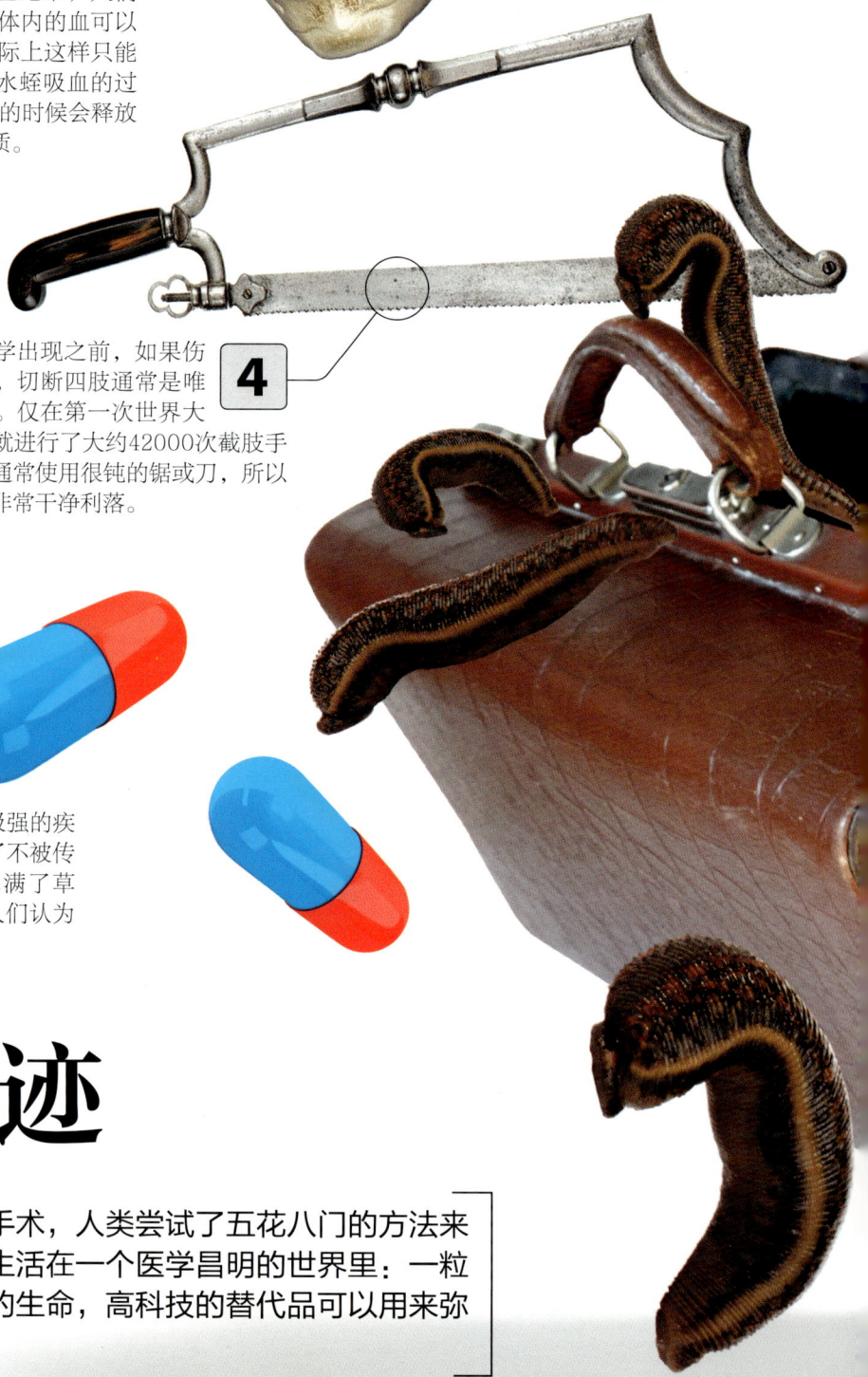

5 在17世纪的瘟疫时期，传染性极强的疾病在人群中迅速传播。人们为了不被传染就戴着面具，这些面具里塞满了草药、香料和鲜花等气味芬芳的物质。人们认为难闻的气味会传播疾病。

医学奇迹

从植物疗法到血淋淋的手术，人类尝试了五花八门的方法来治疗疾病。今天，我们生活在一个医学昌明的世界里：一粒小小的药丸可以拯救你的生命，高科技的替代品可以用来弥补肢体的残缺。

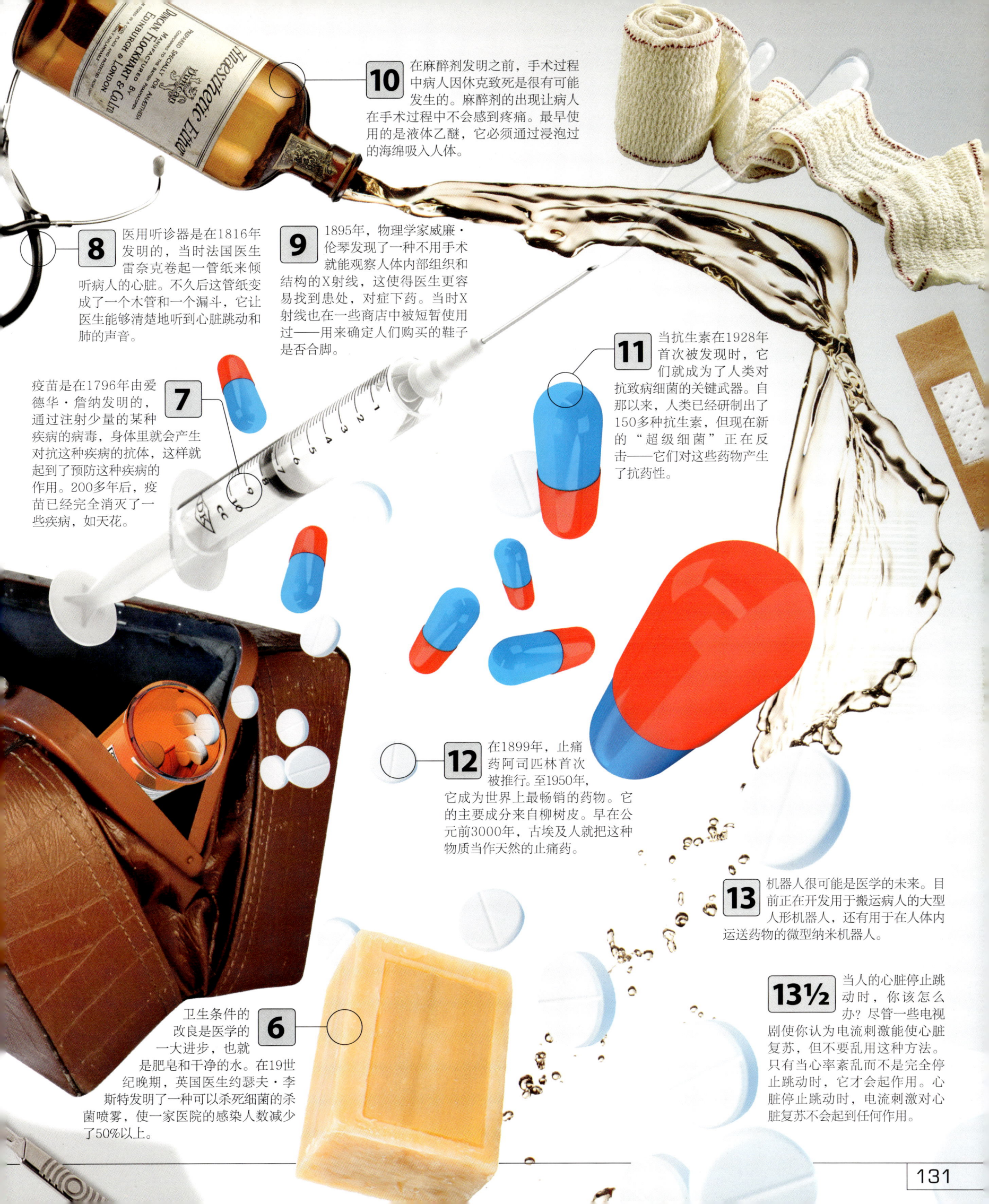

10 在麻醉剂发明之前，手术过程中病人因休克致死是很有可能发生的。麻醉剂的出现让病人在手术过程中不会感到疼痛。最早使用的是液体乙醚，它必须通过浸泡过的海绵吸入人体。

8 医用听诊器是在1816年发明的，当时法国医生雷奈克卷起一管纸来倾听病人的心脏。不久后这管纸变成了一个木管和一个漏斗，它让医生能够清楚地听到心脏跳动和肺的声音。

9 1895年，物理学家威廉·伦琴发现了一种不用手术就能观察人体内部组织和结构的X射线，这使得医生更容易找到患处，对症下药。当时X射线也在一些商店中被短暂使用过——用来确定人们购买的鞋子是否合脚。

疫苗是在1796年由爱德华·詹纳发明的，通过注射少量的某种疾病的病毒，身体里就会产生对抗这种疾病的抗体，这样就起到了预防这种疾病的作用。200多年后，疫苗已经完全消灭了一些疾病，如天花。

7

11 当抗生素在1928年首次被发现时，它们就成为了人类对抗致病细菌的关键武器。自那以来，人类已经研制出了150多种抗生素，但现在新的"超级细菌"正在反击——它们对这些药物产生了抗药性。

12 在1899年，止痛药阿司匹林首次被推行。至1950年，它成为世界上最畅销的药物。它的主要成分来自柳树皮。早在公元前3000年，古埃及人就把这种物质当作天然的止痛药。

13 机器人很可能是医学的未来。目前正在开发用于搬运病人的大型人形机器人，还有用于在人体内运送药物的微型纳米机器人。

13½ 当人的心脏停止跳动时，你该怎么办？尽管一些电视剧使你认为电流刺激能使心脏复苏，但不要乱用这种方法。只有当心率紊乱而不是完全停止跳动时，它才会起作用。心脏停止跳动时，电流刺激对心脏复苏不会起到任何作用。

6 卫生条件的改良是医学的一大进步，也就是肥皂和干净的水。在19世纪晚期，英国医生约瑟夫·李斯特发明了一种可以杀死细菌的杀菌喷雾，使一家医院的感染人数减少了50%以上。

璀璨星空

这幅璀璨的星空图，拍摄于智利安第斯山脉的一个寒冷的沙漠中，照片捕捉到了夜空的全部美景。夜空中这条横跨星空的云状光带就是银河系，我们的家园星系。

1 古人痴迷于夜空，并热衷追寻月亮和星星的运动轨迹。17世纪望远镜的发明让人们看到更宽广、更清晰的夜空。

2 为了观星时的视线更好，你需要选择一个清晰的、没有月亮的夜晚，并远离城市的灯光。天文台通常设在山顶上，因为那里的空气清新、干燥，也没有云。

3 图中显示的是位于智利阿塔卡马沙漠的阿塔卡马大型毫米／亚毫米波阵列望远镜（ALMA）。阿塔卡马沙漠是地球上最干燥的地方之一，没有任何降雨记录。

4 ALMA有66根天线，用来收集不可见的无线电波。在光线很暗的情况下，物体仍可能会发射大量的无线电波，所以ALMA可以勾勒出太空中最寒冷、遥远的地方。

5 距离我们最近的大星系是仙女星系，离我们有250万光年。科学家预测它会与银河系相撞，但至少在40亿年之内是不会发生的。

6 虽然我们置身于银河系之中，但我们并不能看到银河系的全貌，不过我们知道它是旋涡状的。太阳系位于银河系的一个旋臂中，距离银河系中心点约30000光年。

7 太阳以约250千米／秒的速度绕着银河系的中心旋转。绕银河系转一周大约需要2.25亿年。上次我们在太空中同一地方的时候，恐龙正统治着地球。

8 你用肉眼能看到的每一颗星星都是银河系的一部分。即使在一片非常暗的天空中，肉眼也可看到大约9000颗星星，但是银河系中恒星的总数可达上千亿颗。

9 在银河系的中心有一个叫作人马座A的超大质量黑洞。这个黑洞的密度如此之大以至于光都无法逃脱，其质量大约有400万个太阳那么重。

10 虽然银河系的中心有一个黑洞，但中心区域看起来依然很明亮。这是因为数十亿颗恒星聚集在黑洞的周围。

11 天文学家过去认为银河系是唯一的星系，但现在发现的星系有几十亿个。在20世纪20年代，他们意识到仙女座虽然看起来像是银河系内部的一团气体和尘埃，但实际上是一个独立的星系。

12 夜空中除了月亮外，最明亮的天体就是金星了，它是离地球最近的行星。行星散发的光芒是稳定的，而星光却像眼睛一样一眨一眨的。这是因为星星离我们太远了。

13½ 你可能听说过"宇宙是真空的"这种说法，听起来好像宇宙是空的。其实宇宙并不完全是空的。星系中的天体之间有气体和尘埃，甚至在星系之间，每隔1立方米就有几个原子。

13 这个光晕是小麦哲伦星云，是一个距离我们20万光年的矮星系，它也是银河系最近的邻居之一。

颜色碰撞

玫瑰是红色的，紫罗兰是蓝色的……颜色其实是一种视觉错觉。实际上并不存在彩色的物体，它们之所以看起来色彩斑斓，是反射不同的光线造成的。这些反射光线反馈到人的眼睛和大脑里就变成了颜色。

1 色素是发现于动植物中天然的色素。火烈鸟出生时，羽毛是灰色的。它们以富含类胡萝卜素的藻类为食，火烈鸟吃下这种藻类以后羽毛变成亮粉色或橙色。

2 树叶看起来是绿色的，因为它们含有叶绿素，一种用来进行光合作用的色素。叶绿素吸收红光和蓝光，反射绿光，这就是树叶为什么是绿色的原因。

3 植物的颜色大多来自维生素或其他重要的营养物质。因此吃各种颜色的水果和蔬菜是健康饮食的好方法。

4 颜色也是大自然的警示标志。金色箭毒蛙是世界上毒性最强的动物之一。虽然它只有5厘米，但是它的毒液足以杀死10个成年人。

5 颜色还会影响人们对食物味道的判断。在测试中，人们普遍认为黄色和绿色食物的味道更酸；红色和橙色的食物尝起来更甜；倒在彩色杯子里的咖啡喝起来没有白色杯子里的那么苦。

6 婴儿出生时只能看到深浅不同的灰色。大约两周后，他们开始可以区分高对比度的颜色，如红色和绿色。

7 有些人能听到颜色，或通过颜色看到字母或数字，甚至可以尝到颜色的味道。这种情况叫作通感，是人的感觉混合在一起的情况。

8 许多动物能看到超出人类视觉范围的颜色。金鱼可以看到紫外线（UV），并通过它来寻找食物，同时还能区分雄性和雌性。

13½ 过去人们认为变色龙改变颜色是为了伪装自己。但大多数情况下，它们这样做是为了表达它们的情绪、吸引伴侣，或者是调节它们的体温。

13 蓝色的蝴蝶体内并没有蓝色的色素，而是它们翅膀上的微小鳞片反射光线，形成了亮蓝色、绿色和棕色。

12 16世纪的艺术家们使用了一种叫作"木乃伊棕色"的颜料，这种颜料是用真实的、从墓里挖出来的埃及木乃伊制成的。到20世纪60年代，木乃伊用光了，该颜料的生产也就停止了。

11 泰尔紫（皇家紫）是从骨螺中提取的。当尼禄掌管古罗马帝国的时候，他禁止除皇族以外的人穿皇家紫色的衣服，因为这是一种尊贵身份的象征。

10 胭脂红是一种用于食品、纺织品和化妆品的红色染料。这种染料从胭脂虫中提取，制造1千克的染料大约需要9万只胭脂虫。

9 黑色不是一种真正的颜色，而是颜色的缺失。黑色物体可以吸收所有波长的光——没有光反射，所以你看不到任何颜色。英国科学家发明了一种材料，可以吸收99.9%的光线，使其成为有史以来最黑的黑色。

光波

当一束光穿过棱镜时，我们可以看到白色是由不同的颜色组成的。白色光线在棱镜上发生折射并分成7种颜色，就像雨滴把白光折射成彩虹一样。因为每一种颜色光的波长不同，所以光线会被分开。人们的肉眼只能看到电磁光谱中的可见光部分。

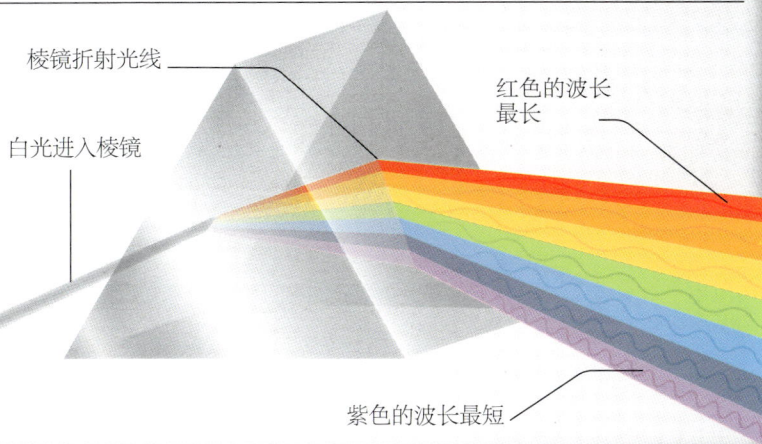

棱镜折射光线

红色的波长最长

白光进入棱镜

紫色的波长最短

1
1902年，人们发现了第一批霸王龙化石，至今已经发现超过30具霸王龙骨骼化石。霸王龙在地球上大约生活了300万年，比现代人类存在的时间长15倍。

2
现在许多专家认为霸王龙的表面被一种柔软的羽毛状的绒毛覆盖，而不是鳞状的皮肤。可能绒毛更有助于这个巨大的捕食者保暖。

3
骨骼化石是恐龙唯一保存至今的残骸。史上最大的霸王龙骨架化石有13米长，被命名为史寇提（scotty）。人们花费了近10年的时间把它从岩石中完全挖出来。

4
霸王龙的尾巴部分和公共汽车一样长。尾巴上的肌肉控制着它的运动。尾巴的质量可与霸王龙巨大的头部保持平衡。

5
霸王龙腿部的肌肉比至今存活着的任何动物的腿部肌肉都发达。它们可使巨大的霸王龙达到29千米/时或更快的奔跑速度。

6
由于软组织无法保存，所以没人能完全确定霸王龙的内脏是什么样的。然而，骨骼结构显示霸王龙可能有像现代鸟类一样的气囊。鸟类的气囊就像风箱一样，可以给肺部提供新鲜空气。

肺

大肠

小肠

霸王龙

霸王龙是迄今为止最著名的肉食动物之一。它生活在距今7000万年前的白垩纪时期，有一栋房子那么高。当时恐龙处于鼎盛时期，并且有大量的猎物可供其食用。

气囊

7 霸王龙的大脑看起来并不大，但它是所有恐龙中大脑占身体比例最大的恐龙之一。许多巨型植食性恐龙的大脑相对较小，与网球差不多大。

10 在所有陆生动物中，霸王龙的咬合力可能是最强大的，能够杀死巨大的植食性动物，如三角龙。它是现存的咬合力最强的动物——湾鳄的咬合力的3.5倍。

心脏

11 霸王龙的牙齿有30厘米长，能将猎物连皮带肉地咬下来，像牛排刀一样锋利，它们被认为是肉食性恐龙中最大的牙齿。

12 霸王龙的手臂虽然看起来很小，但实际上是非常强壮的。它们的肱二头肌比人类强壮3倍以上。它们的胳膊无法伸到嘴里，这可能看起来很奇怪，但它们可以用胳膊来抓住挣扎中的猎物。

8 霸王龙可能在胃里消化大部分肉食，就像现代猛禽一样。它的胃黏膜会分泌出酸性液体，帮助分解肉中的肌肉纤维。

13 霸王龙的脚就像现代鸟类一样有3个脚趾。长脚趾可加快霸王龙在陆地上的移动速度。巨大且可怕的爪子有20厘米长，既是捕食时的利器，也可以帮助它们牢牢地抓住地面。

13½ 我们真的可以克隆霸王龙吗？恐龙很久以前就灭绝了，不可能提取它们的DNA。虽然"侏罗纪公园"是不可能实现的，但"新石器时代公园"是有可能的。猛犸象DNA的一个小片段保留了下来，这意味着在未来克隆其中一种生物是有可能的。

9 恐龙粪便形成的化石被称为粪化石。迄今为止发现的最大的粪化石来自于霸王龙，其中大约一半是骨头碎片，这表明霸王龙会把猎物整个吃掉。

博览群书

书是精彩的！它们妙趣横生、包罗万象，带领我们进行一场超凡的奇幻冒险。书籍是我们了解过去世界的窗口，并且可以引领我们找到了解这个世界的新方法。

1 这个世界似乎有多少书都不算多！据估计，到目前为止，全世界已经出版了1.34亿册图书。现在，每年都有数百万册的图书出版。仅在美国，每年就有100万册新书出版。

2 在保加利亚发现了最古老的多页书。这本昂贵的书可以追溯到公元前660年，由6张24K的黄金制成，是用已经消失的伊特鲁里亚语写的。现代历史学家们仍无法解密这些文字。

3 罗马人在莎草纸上或皮纸（经过处理的动物皮）上写字。然而这些东西很难处理，或不易保存，或制作复杂，所以他们开始在木板上写字，因此第一批非常"硬"的精装书诞生了。

4 德国人谷登堡发明的现代活字印刷术使书籍的制造过程变得更廉价、更简单。1455年出版的《谷登堡圣经》是欧洲第一批大规模生产的书籍，其中48本保存至今。大量可阅读的书籍也导致了阅读眼镜销量的急剧上升。

5 史上最昂贵的书是意大利艺术家列奥纳多·达·芬奇的手稿。这份手稿可以追溯到16世纪早期，上面详细描述了达·芬奇的许多科学理论，并附有草图和笔记。1994年，美国亿万富翁比尔·盖茨在拍卖会上以惊人的3080万美元（约2.1亿元人民币）的高价买下了它，但现在它的估价已涨到3950万英镑（约3.6亿元人民币）。

6 世界上最大的图书馆是位于美国华盛顿的国会图书馆。它藏有超过1.64亿件作品，包括书籍、录音、照片、地图和乐谱。这些物品保存在总长约1349千米的书架上。其中一半的藏书不是用英文写的，而是由其他470种语言写成的。

7 世界上最大的书不适合放在书架上。《三藏经》是佛教教义的"书"，它刻在缅甸古道陀佛塔周围的730块巨大的大理石碑上。这些石碑是19世纪60年代建造的，每一块都有150米高。

8 直到1100年，书籍还是很少的，而且通常只是很少的，而且通常只在修道院的图书馆里能看到。所有的书都是用鹅毛笔手写的。一本像《圣经》这样长的书可能需要一年才能抄写完成。一些精心设计的书被称为"泥金装饰手抄本"，因为它们用闪光的金叶或银叶作装饰。

9 虽然我们不再依赖从厚重的大部头著作里获取知识，但我们的休闲类书籍却越来越厚。2015年的一项研究发现，一本畅销书的平均厚度从1999年的320页，到2014年增加到407页。

10 印度是阅读量较多的国家之一，平均每个人每周花10个小时阅读。今天，世界上大约85%的人可以阅读，而100年前只有32%的人能阅读。

11 我们把一个沉迷于读书的人称为"书虫"。在一些国家，书迷被称为"图书馆老鼠"。这些名字源自于发霉的图书馆会招来有害动物——小昆虫和啮齿动物比我们更喜欢"咬文嚼字"。

12 很快，我们可以不用打开书本就能阅读书籍了。目前人们正在研制一种利用低频辐射扫描纸张就能读取书内文字的照相机。这项技术可以帮助我们看到那些易碎而无法打开的旧书。

13 有些人常忍不住买新书，然后没读过就放在书架上。这种现象在日本叫作"关读"，意思是"只囤书不看书"。似乎很多人都喜欢身边到处都是书！

13½ J.K.罗琳的《哈利·波特》系列掀起了全球性的阅读热潮，印刷量超过4.5亿册。然而，即使把这部书所有的总销量都加在一起，它也不是最畅销的小说作品。销量最高的书是1605年的经典小说《唐·吉诃德》，作者是来自西班牙的米格尔·德·塞万提斯，该作品已售出5亿册。

2 武士是唯一被允许佩戴刀的人。武士刀的钢刃长约80厘米，刀柄是由鲨鱼或鳐鱼皮做成的，且要用两只手才能挥舞起来。

3 日本武士刀是在1300℃的高温下锻造的，刀刃锋利无比，在战斗中可用来发起致命的攻击。他们通过切割尸体来检测这把刀是否锋利。挥舞这把刀需要高超的技巧和刻苦的训练。

4 武士盔甲看起来很华丽，漆面金属层用丝绳相连，非常实用，可以让佩戴者灵活自如（不像欧洲的盔甲）。据说，第二次世界大战期间美国军队把他们的防弹衣包裹在武士盔甲上使用。

1 武士最初是一些领主的保镖。到了12世纪，他们已发展成社会的贵族阶级。从1600年开始，日本进入了一个和平的时代，所以武士们在政府中找到了工作。至19世纪70年代末，武士阶层被废除。

武士道

中世纪的日本武士并不是普通的骑士，他们是一群特权阶级的战士。武士为他们的领主当上幕府将军而战。幕府将军是这个国家的军事领袖，拥有着比天皇更多的权力。

5 武士们遵守着一种叫作"武士道"的道德规范（意思是"战士的方式"）。这一准则要求他们要勇敢、忠诚，有荣誉感，富有同情心，尊重所有的生命。但他们并不一定能做到全部要求。

6 没有战争时，武士可以写诗，学习日本的传统文化：绘画、雕刻、书法、枯山水、插花和茶道。

7 现代日本的剑道用木剑格斗，来自于武术学校，武士们在那里练习剑术。武士也是专业的弓箭手和优秀的骑手。

8 从日本武士到平民，当时日本的每个人都穿传统的木屐和分趾袜子，穿上后需要适应大拇指和第二个脚趾之间的绳子。

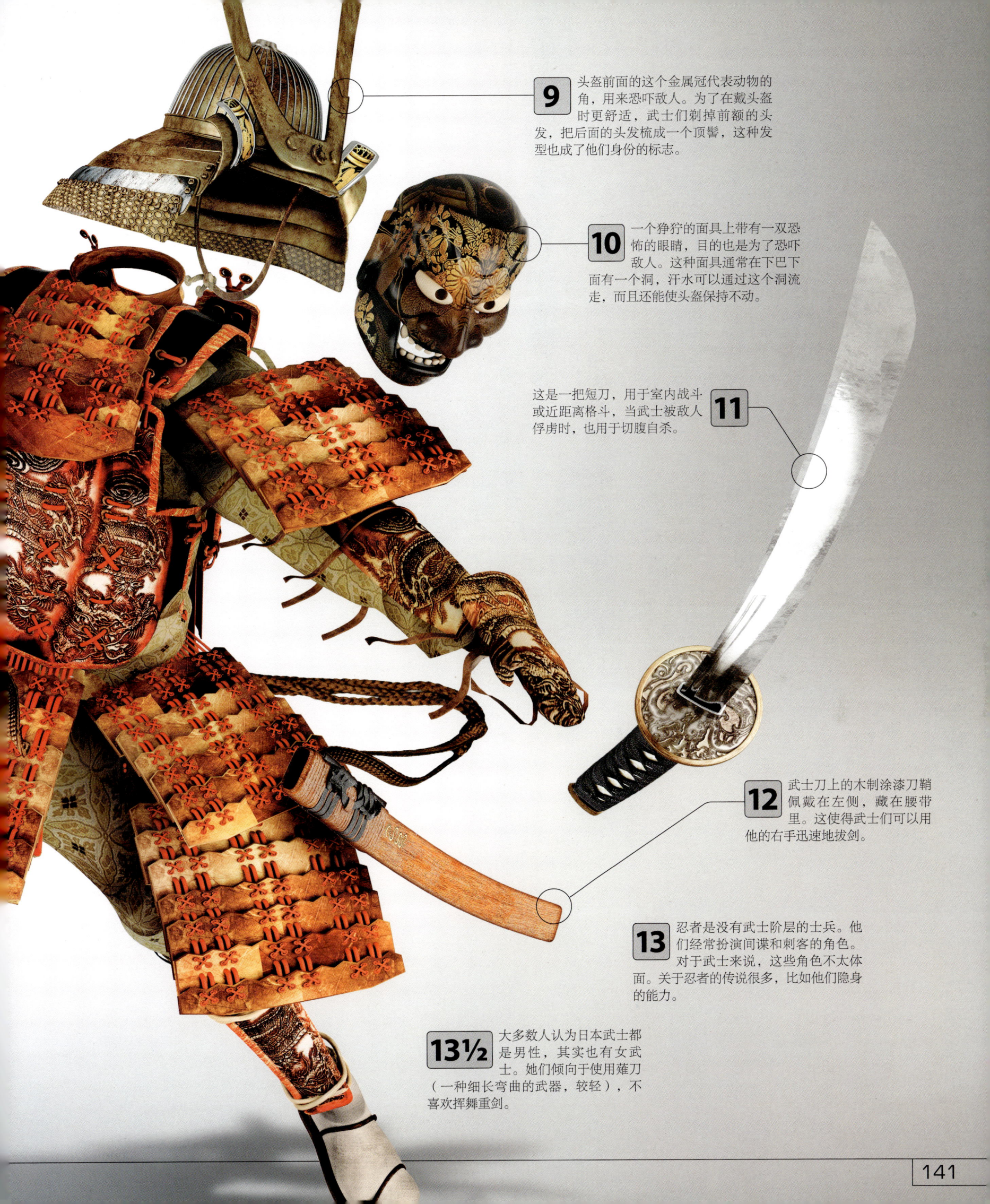

9 头盔前面的这个金属冠代表动物的角，用来恐吓敌人。为了在戴头盔时更舒适，武士们剃掉前额的头发，把后面的头发梳成一个顶髻，这种发型也成了他们身份的标志。

10 一个狰狞的面具上带有一双恐怖的眼睛，目的也是为了恐吓敌人。这种面具通常在下巴下面有一个洞，汗水可以通过这个洞流走，而且还能使头盔保持不动。

这是一把短刀，用于室内战斗或近距离格斗，当武士被敌人俘虏时，也用于切腹自杀。 **11**

12 武士刀上的木制涂漆刀鞘佩戴在左侧，藏在腰带里。这使得武士们可以用他的右手迅速地拔剑。

13 忍者是没有武士阶层的士兵。他们经常扮演间谍和刺客的角色。对于武士来说，这些角色不太体面。关于忍者的传说很多，比如他们隐身的能力。

13½ 大多数人认为日本武士都是男性，其实也有女武士。她们倾向于使用薙刀（一种细长弯曲的武器，较轻），不喜欢挥舞重剑。

1 在拥有众多弦乐器和打击乐器的管弦乐队中，钢琴有着独特的地位。虽然钢琴有弦，但声音是由琴槌敲击琴弦发出的。

2 第一架真正的钢琴是在1700年左右由巴托罗密欧·克里斯多佛利在意大利制造的。在此之前，键盘手使用的是大键琴，但它只有一个不变的响度。钢琴可以使声音更响亮，音色更柔和。

3 一架标准的钢琴有88个白色和黑色的琴键，每一个键都连接着一个琴槌。每按下一个键，琴槌便会向上敲击琴弦，这个部件称为"击弦机"。

4 英语中也用"Tickling the ivories"（直译为"挠象牙"）来表达弹奏钢琴的意思。因为以前白色的琴键是用象牙做的。20世纪80年代末象牙被禁止使用，现在的琴键是用塑料做的。

5 一架用于音乐会演奏的钢琴长达3米，重达450千克。一架钢琴在按压琴键的演奏过程中带动了数千个部件的活动。

6 琴槌是用木头做的，用毛毡覆盖着。琴槌每敲击一下弦，就会立即移开，以防阻碍琴弦振动。

黑白精灵

在光鲜华丽的外表下，钢琴是一种极其复杂的乐器，有着除管风琴外最广的音域。成千上万的部件一起工作才能弹奏出准确的节奏。

7 弹钢琴会让你更聪明。最近的研究显示，常规的钢琴练习可以提高大脑处理信息、解决问题和记忆的能力，甚至可以提高智商。

8 一些专业的钢琴演奏者手速惊人。多明戈斯·安东尼奥·戈梅斯保持着手指弹奏钢琴的最快世界纪录，他在一分钟内敲了824个音符。

9 阻尼器是琴弦上的毡垫。每按下一个琴键，阻尼器就会抬起，这样琴弦就能发出声音。一旦琴键被松开，阻尼器就会落下，琴弦的振动也就随即停止。

10 每一个音符都是由3根弦演奏出的，弦由坚固的钢丝制成，通过振动发声。音高是由弦的长度、厚度和张力决定的。低音弦比高音弦长，这也使钢琴具有独特的形状。

11 早期的钢琴很难演奏，而且价格昂贵。在一些著名的作曲家用它演奏之后，这种乐器才变得流行起来。到19世纪，拥有一架钢琴已经成为一种身份和地位的象征。

12 弦连接在调音针上，然后钢针被推入一个个小孔中。转动针脚调整琴弦的张力，可使每一根琴弦都能演奏出准确的音符。

13 在2008年北京奥林匹克运动会开幕式上亮相的亨泽曼水晶钢琴，具有令人惊叹的透明外壳。2014年，它以322万美元（约2200万元人民币）的价格在拍卖会上售出，成为世界上最昂贵的钢琴之一。

13½ 多数人可能会认为只有手指长的人才能弹奏钢琴，但事实并非如此，许多手小的演奏者也演奏得非常好。不管怎样，熟能生巧！

隐形毒刺

长着长触手的僧帽水母天生具有一种奇异的美丽，但同时也有一种毒性十分强烈的刺。它跟水母、珊瑚和海葵等同属于一个古老物种。这种看似柔弱的动物其实非常可怕。

1 尽管僧帽水母看起来像一只水母，但实际上是一个包含多个水螅体及水母体的群落。每一个个体都高度的专门化，互相分别负责进食、毒刺或繁殖，互相依赖，不能独立生存，是一个协同生物基地。

2 僧帽水母的浮囊体是可以漂浮在海面上的浮囊。浮囊体不能自己游动，但能随风或海浪一半漂向左或向右漂移。僧帽水母一半漂浮在海面上，另一半则在温暖的海洋里欢快地畅游。

3 它们的囊体内充满气体，如果受到威胁，就会释放囊体中的气体使身体下沉。

4 这个群种靠多小嘴巴来养活自己。这些小嘴巴随时等待着猎物的到来，它们会吞下长触手所捕捉到的任何食物。仅仅需要数个小时它们就可以消化掉体形微小的小虾，分解体形巨大的鱼要用长达18个小时。

7 僧帽水母体内含有95%的水。它们没有大脑、血液、骨骼、牙齿、心脏和鳍。

刺细胞

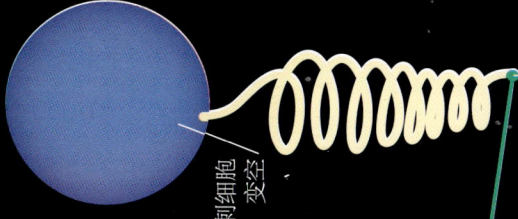

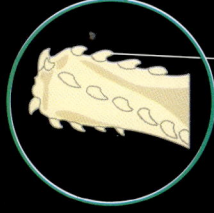

当触手接触到猎物时，刺细胞中的刺丝会在千分之一秒内被射出，并将一种类似于某些蛇毒的有害物质注入到猎物体内。这些毒素会干扰神经和肌肉，可迅速使猎物麻痹。

射出后

射出前

刺细胞变空

每一个刺细胞含有一个卷曲刺丝囊

大量的毒素发射

刺丝囊尖端刺入受害者的身体中

8 有一些鱼类寄生在僧帽水母里，如小丑鱼。这种鱼不仅对僧帽水母体内的毒素有一定的抵抗力，而且反应也相当敏捷，所以能躲避长触手的伤害。它们以食物残渣为食，甚至直接吞噬掉僧帽水母体内的食物残渣，但同时也帮助僧帽水母将其他鱼类的鱼引诱到"死亡之网"中。

10 在猎捕时用来刺痛鱼类肌肉的长触手，平均长度可达10米，相当于1辆巴士的长度。这使得僧帽水母成为地球上最长的物种之一。如果你在游泳时看到了这种奇特的漂浮物，这个时候你再想避开它的长触手就已经太晚了。

12 虽然被僧帽水母蜇伤后不会致命，但是极其痛苦。它们的一些近亲物种可以致人于死地。比如水母中最强的箱水母，它们的刺不仅致命，而且被刺伤后会让人疼痛难忍。一些被它们刺伤的人，常常还没来得及游到上岸就死了。

13½ 认为尿液可以缓解水母或僧帽水母蜇伤后的刺痛是大多数人的一种误解。最近的研究表明，尿液甚至是淡水，可能会使刺细胞扩散，从而使情况变得更糟。最好是用盐水清洗皮肤，这会使刺细胞失去活性。

5 长串珠状的刺针上布满了刺细胞。这些刺细胞可以麻痹它们接触到的任何生物。它们的触手还可以延伸，形成一个可以猎捕大到鲟鱼和飞鸟的致命网。一只僧帽水母每天可以捕获120只小鱼。

6 僧帽水母几乎遍布所有温暖的海域。它就像是一艘载着武装人员的海军舰艇。

9 一些僧帽水母的深海近亲可以发光。它用光来引诱猎物。而僧帽水母是一种靠漂浮在海面上的动物，不需要发光。但在某种光线下，它们会呈现出闪耀的蓝紫色。这种生物的蓝色素可以起到防护紫外线照射的作用。

11 除了蠵（xī）龟和海蛞蝓，几乎没有动物可以捕食僧帽水母。但僧帽水母的一些近亲水母被人类认为是美味佳肴。马来西亚人把水母称为"齿尖上的美妙音乐"，在亚洲餐前的菜单上经常会有脱水后做成菜肴的水母干。

13 每年夏天，仅在澳大利亚，都有近万人被僧帽水母蜇伤。人数如此之高是因为僧帽水母经常成群地聚集在一起，要么是因为被海洋流推动到一起，要么是因为它们正在进行交配并产卵大量繁殖。

石油家族

石油（也叫原油）是在地下发现的一种黏稠液体。没有它，现代生活将会非常不同。石油为我们使用的机器提供着燃料，可以制造出这两页图片中你看到的东西，甚至你现在阅读的文字都是来自石油。

1 石油是一种化石燃料，它是由埋在地下深处的古老生物遗体形成的。我们开采的石油中，3/4用于制作燃料（包括汽油、柴油、取暖油和喷气燃料），其余的则用于制造各种商品的原材料。

3 生产5升汽油需要90吨埋藏在海底的古老生物。在相同质量的情况下，汽油产生的能量是木材的3倍，是普通电池的100倍。

2 目前全球能开采的油田总储量约为1.3万亿桶。一桶油为159升。全球每年消耗至少300亿桶石油。

4 用于制作塑料的石油量和用于生产飞机燃料的石油量差不多，大概占我们使用的所有石油量的8%。塑料非常重要，因为它们几乎可以被制成任何形状。

5 在汽车发明之前，汽油几乎毫无价值。当石油首次被开采时，主要用于生产煤油（用作灯的燃料），汽油仅仅是一种副产品，被用来驱赶虱子或去除衣服上的油渍，甚至直接丢弃。

6 制造一个轮胎需要消耗大约27升的石油。其中，制造轮胎所用的合成橡胶只需要大约19升石油，其余的石油在轮胎生产过程中作为燃料被消耗掉了。

7 石油加工的过程中会生产出各种化工产品，可用于制造很多不同的产品，如塑料和止痛药。目前使用的许多药物，如类固醇和阿司匹林，都来源于原油。

13 尼龙、聚酯和其他聚酰胺系人造纤维也是由石油化学产品制成的一种塑料产品。用这些塑料纤维制成的衣服可以防水、防火，甚至防弹。

13½ 当提到石油时，你可能会马上想到黑色的黏稠液体。大多数石油是黑色的，但它也可以是黄色、红色，甚至是绿色的。最高品质的油看起来呈琥珀色或金色。

12 无皂清洁产品含有叫作"表面活性剂"的石化产品。这些化学物质会粘附在油脂和污垢上，同时也会溶解在水中，所以会带走污垢。

11 高达80%的化妆品原料都来自原油。除了蜡和染料，合成香料也是油基的。

10 油性光泽涂料是含有溶剂的（用来稀释油漆）。常见的溶剂是石脑油，它来自原油。随着油漆干燥，石脑油蒸发，会在空气中产生强烈的气味。

9 彩色蜡笔由添加了各种染料的白色石蜡制成，而白色石蜡是原油蒸馏而成的。未染色、无味、无臭的防水蜡具有多种用途，包括制作蜡烛以及牛奶盒内层的防水膜。

⌄⌄ 蒸馏原油

　　原油是一种混合物，可以通过蒸馏的过程分成不同的部分（称为馏分）。油被加热变成气体混合物。气体进入蒸馏塔，蒸馏塔的塔底热，塔顶冷。馏分在不同的温度下冷凝（再次变成液体），因此可以在不同的高度设置管道，将不同馏分分别"抽出"。

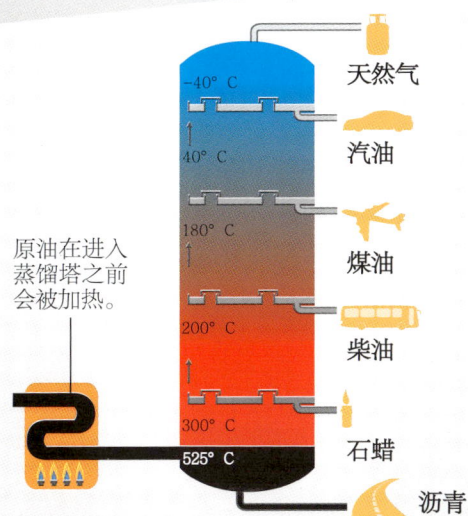

8 大多数人造的食品染料，如牙膏中的蓝色部分，都来自石油。另外，药品、化妆品和工艺品（如彩纸和蜡笔）中的许多人造染料也是由石油化学产品制成的。

原油在进入蒸馏塔之前会被加热。

-40° C　天然气
40° C　汽油
180° C　煤油
200° C　柴油
300° C　石蜡
525° C　沥青

1 大脑是人体中质量最大的器官之一，重约1.3千克。大概是你的两个拳头放在一起那么大，质地很像软奶酪。

2 大脑负责你所有有意识的行为、思想和感受。它占头部的85%，并分成两个半球。左半球控制你身体的右侧，右半球控制身体左侧。

3 大脑皮层是大脑外层薄而皱的部分。大多数想法和信息处理发生在这里。它被折叠多次以适应头骨的大小，如果把大脑皮层展开，那么它的面积和这本书3页纸的面积总和大致相同。

4 小脑控制身体的运动、协调和平衡。当大脑命令你移动时，小脑保证你不会摔倒。

5 人类大脑有860亿个神经细胞（也叫神经元）。一只蚂蚁的大脑有25万个神经元，而一只非洲大象有2570亿个。然而智力不仅和神经元的数量有关，还和它们之间的连接数量密切相关。

6 每个神经元连接10000个其他神经元，形成数以万亿的连接网络。神经元之间通过电脉冲进行通信和传递信号。

7 脑干是大脑和脊髓之间的连接部分。它负责调节人体许多重要的无意识功能，包括心跳、呼吸和消化。

大脑盒子

人脑是世界上最强大的"机器"，控制着身体内的所有组织和器官，并处理着你所看到的，感受到的和思考的一切事物。这个令人难以置信的器官目前被认为是宇宙中已知的最复杂的结构。

8 脊髓与脑干相连，并向背部延伸。它紧密地包裹着神经元，通过神经信号在大脑和身体之间传递信息。最快的信号传递速度可达400千米/时。

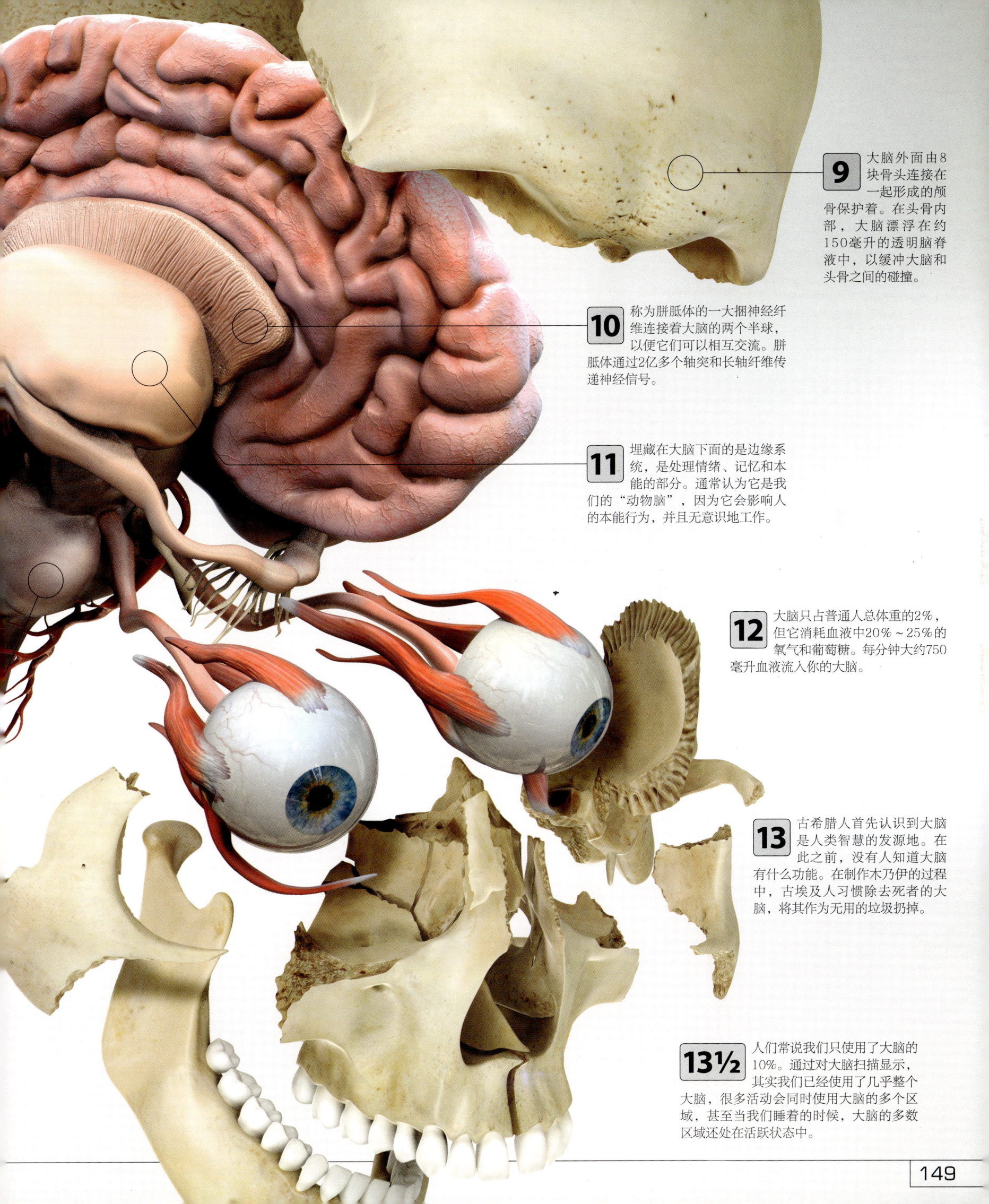

9 大脑外面由8块骨头连接在一起形成的颅骨保护着。在头骨内部，大脑漂浮在约150毫升的透明脑脊液中，以缓冲大脑和头骨之间的碰撞。

10 称为胼胝体的一大捆神经纤维连接着大脑的两个半球，以便它们可以相互交流。胼胝体通过2亿多个轴突和长轴纤维传递神经信号。

11 埋藏在大脑下面的是边缘系统，是处理情绪、记忆和本能的部分。通常认为它是我们的"动物脑"，因为它会影响人的本能行为，并且无意识地工作。

12 大脑只占普通人总体重的2%，但它消耗血液中20%～25%的氧气和葡萄糖。每分钟大约750毫升血液流入你的大脑。

13 古希腊人首先认识到大脑是人类智慧的发源地。在此之前，没有人知道大脑有什么功能。在制作木乃伊的过程中，古埃及人习惯除去死者的大脑，将其作为无用的垃圾扔掉。

13½ 人们常说我们只使用了大脑的10%。通过对大脑扫描显示，其实我们已经使用了几乎整个大脑，很多活动会同时使用大脑的多个区域，甚至当我们睡着的时候，大脑的多数区域还处在活跃状态中。

1 英语中"神话"（myth）这个词来自希腊单词"mythos"，意思是"词语"或"故事"。神话是帮助人们思考和探索世界，或为生活中的一些神秘现象提供解释的故事。

2 龙出现在世界各地的神话中。它们虽然在不同的时间和地区出现，但却有着惊人的相似之处。这种生物有4条腿，长得像蜥蜴或蛇，并且会喷火。

3 在中国，龙是权力和威严的象征，中国皇帝称他们是龙的化身。直至今日，人们在节日庆典时还会划龙舟、舞龙。

4 孙悟空（美猴王）的故事可以追溯到距今1000多年的中国。这只调皮的猴子可以变成72种不同的形象，有许多传奇故事。在新加坡，有以它名字命名的庙宇，人们每年都会为它庆祝生日。

5 在人们还不知道恐龙的存在时，许多恐龙化石都被错认为是龙骨。而屠龙者的传说使大家接受了真龙已经消失的事实。

6 古埃及狮身人面像有一个狮子一样的身体与人一样脑袋。狮身人面像的建造是为了保护寺庙和墓葬。埃及吉萨的狮身人面像是世界上最大、最古老的石像之一，已经存在了超过4500年。

7 河童是中世纪日本传说中的水中精灵。据说它的背部有着坚硬的壳，指间有蹼，长着鸟一样的嘴，常常在湖泊和河边埋伏着，然后淹死来到水边的人们。

8 美杜莎是古希腊神话中长着蛇发的女人。人一旦看到她可怕的脸就会变成石头。后来，人们以她的名字命名了水母，因为水母的触手会带来令人讨厌的刺痛。

神兽

几千年来，世界各地的不同文化中都存在着神兽，它们的故事一代代地流传下来。有些神兽很可怕，会带来死亡和毁灭，但有些神兽反映了生命的美丽。

9 独眼巨人是希腊和罗马神话中的巨人。这个独眼巨人有着可怕的食欲，并且会用巨大的牙齿将受害者撕开。

美人鱼拥有人的脑袋和上半身，下半身是鱼的尾巴。1493年，探险家克里斯托弗·哥伦布在海地海域把3只海牛错认成了美人鱼。 **10**

11 雷鸟，可能是某种老鹰，美洲原住民崇拜它是因为它会带来暴风雨。传说它拍动巨大的翅膀，眨眨大眼睛，就能制造雷声和闪电。

独角兽的形象随着时间的推移从一头山羊变成了一匹马，不变的是它的角始终具有愈合伤口的能力。 **12**

羽蛇神戴着鸟面罩，可以变成人的模样。作为阿兹特克人和玛雅人的雨、丰收、风和学习之神，它被敬为生命之神。 **13**

13½ 你可能会认为所有神兽都是不存在的，但有一个例外。斯堪的纳维亚神话中有一只巨大的、长满触角的海怪。这个传说可能是因为人们看到了一种巨型鱿鱼——一种在1853年之前科学界未知的生物。

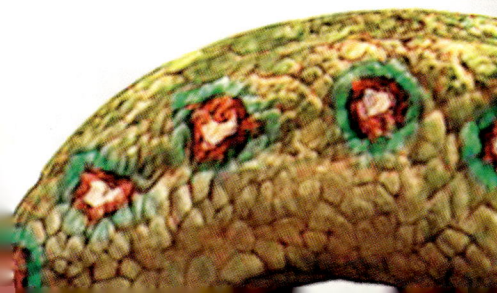

1 数百年来，雅浦岛石币这种圆形石头被当作货币在密克罗尼西亚群岛中的雅浦岛上使用。它们直径可达3米，质量超过3吨，显然不适合放在你的口袋里。在世界上的其他地方，在钱币出现之前，"钱"通常是贝壳或是蝙蝠的粪便等贵重物品。

2 美元纸币实际上是由棉和麻制成的。在19世纪，人们会用针线修复撕裂的美元钞票。最早的纸币约1000年前就已在中国出现。

3 纸币磨损的速度很快。钞票的面值越小，寿命越短。2015至2016年，英格兰银行发行了约135亿（约1126亿元人民币）英镑的新钞票，并销毁了100亿英镑（约834亿元人民币）的旧钞票。旧纸币作为农业肥料被处理。

4 许多国家正在转向使用塑料钞票。塑料钞票比纸币更环保，更耐用，更难伪造。旧的塑料钞票回收后还可以制作其他塑料产品。

5 今天，大多数货币并不是以现金形式存在的。许多人不用实际交换硬币或纸币，而是通过向计算机输入数字，或使用银行借记卡和信用卡来购买东西和进行其他金融交易。

6 这个在英国南部发现的铁器时代的金币来自公元前1世纪，上面印有一匹马的形象。这些由银、铜和黄金制成的早期硬币具有真正的贵金属价值。

钱的秘密

几千年来，人们使用货币购买物品和服务。货币有很多种形式，从贝壳、石头到贵金属。而今天，货币往往只是屏幕上的数字。

7 世界上大约有180种货币。其中，美元在贸易中的使用频率最高、范围最广。英镑自8世纪就存在了，是存在时间最长的货币。

8 有一段时间，人们可以将他们的纸币换成相同价值的黄金。但现在没有足够的金子来做到这一点。因此我们不得不相信我们的货币是具有价值的。

9 当你拿着一把硬币时，你可能会注意到那种金属味道并不是来自硬币本身。这是你皮肤上的油脂与含有铁或铜的物体接触发生反应后产生的气味。

11 在香蕉上写的支票可能不能保存很长时间，但作为对银行的操作指示，它与纸质票券一样合法。支票也可以写在石板上，甚至是活牛身上。

10 钱是一个藏污纳垢的东西。纸币上的细菌甚至比家里马桶上的细菌还多。测试表明，流感病毒可以在钞票上存活超过10天。

12 英语中"钱"（money）这个词应该是以罗马女神朱诺·蒙埃塔（Juno Moneta）的名字命名的。她被认为是财务的守护者。公元前269年，罗马人在罗马的朱诺神庙铸造了他们的第一枚硬币。

13 据一个著名的慈善机构估计，地球上最富有的26个人拥有的财富总量等于世界上其他所有人所拥有的财富总量的一半。

俗话说，金钱无法购买幸福。但它可以使人的幸福感提高到一定的程度。研究人员发现，变得富有之后，人们会更加快乐。但是收入超过每年60000英镑（约500000元人民币）之后，收入的增加和幸福感就没有太大关系了。 **13½**

1 因特网开始于1969年的阿帕网（ARPANET），这是一个连接4所大学的计算机网络。当时它花了一个小时发送了一封只有5个字母的信息。多年以来，它一直作为一个基于文本的系统被各个大学和科学家们使用。

2 1971年，第一封电子邮件通过阿帕网在两台电脑之间成功传送。发件人程序员雷·汤姆林森只是在键盘上随便敲打了几个字符，所以第一条消息的内容也许是"QWERTYUIOP"。而今天，每秒发送的电子邮件就超过300万封。

3 笑脸表情符号：-) 是由美国计算机科学家斯科特·法尔曼于1982年发明的。他想通过表情告诉对方自己是在开玩笑。现在，人们每天使用约60亿个由键盘字符组成表情符号，而其中大部分也已演变成图片表情符号。

5 1991年在英国，第一个网络摄像头被安装在剑桥大学的计算机实验室中。它负责拍摄咖啡机，让研究人员不必离开办公桌就可以看到咖啡壶是否空了。这个网络摄像头直到2001年才被关闭。

4 1990至1991年，一切都发生了变化。当时英国科学家蒂姆·伯纳斯-李组建了用以标记文档的计算机语言HTML，这样这些文档就可以在因特网上被所有人看到了。他还开发了第一个查看文档的浏览器，以及全球首个网站。从此万维网（World Wide Web）诞生了！

6 因特网的用户数量迅速增长，从1982年的200人，到目前为止超过200个国家的39亿人。网络最繁忙的国家是中国，截至2018年底，中国因特网用户总数达到8.02亿，已超过一半人口。

7 因特网现在是一个巨大的服务器网络，通过超过885000千米的海底电缆相连。这些电缆连起来可以往返月球一趟。这些电缆很容易被船锚、渔网、地震，甚至鲨鱼损坏。所以，人们会尽量把它们埋在能够避开危险的地方。

网络链接

因特网带来了一场信息革命。这个庞大的网络同时连接数百万台计算机，人们可以利用万维网访问因特网，共享信息。

8 Wiki来源于夏威夷语，意思是"快点"，也是指由用户协作开发的网站。最著名的Wiki是Wikipedia（维基百科），被誉为"人民的百科全书"，2001年1月15日由吉米·威尔士（Jimmy Wales）和拉里·桑格（Larry Sanger）创建。它共有超过295种语言版本，3600多万个词条。大多数贡献者免费工作，默默无闻，但他们的观点并不总是一致。

9 网络中不断增加了很多新网站，但无法确认其确切的规模和大小。2014年9月，网站数量就达到了10亿个。

11 社交网站Facebook（脸书）每日访问用户超过15亿。英国女王伊丽莎白二世于2010年推出了她的Facebook页面，但无法给她发送好友请求！2014年，第一个在Facebook获得1亿点赞的人是哥伦比亚歌手夏奇拉。

10 世界上最流行的搜索引擎被称为BackRub，直到1997年，它才更名为Google（谷歌）。今天，谷歌每秒处理超过40000个查询申请，每天搜索35亿次，每年搜索1.2万亿次。

12 因特网用户通过上传的方式来分享图片、音乐和视频。最受欢迎的视频分享网站是YouTube，它在2009年8月首次超过100亿次观看。第一个视频上传于2005年，当时雅科夫·拉皮茨基录制了他的朋友YouTube创始人贾德·卡林姆的短片，短片中他站在圣地亚哥动物园里的一只大象旁边。

13 网络上有很多垃圾邮件。垃圾邮件发送数百万封电子邮件来试图出售东西。有时候，高达97%的电子邮件都是垃圾邮件。一年中，用来发送垃圾邮件的电力相当于4个大电站的发电量。

13½ 不要完全相信你在因特网上阅读到的内容！任何人都可以建立一个网站，而信息的准确性往往是未知的。有一个好方法来鉴别——检查网站地址是不是以.gov或.edu结尾，以此结尾的网址是政府或教育机构的官方网站。阅读该作者的历史文章也有助于确定网站的可靠性。

1 秋季掉落在地面上的干枯棕色叶子来自落叶树。叶子需要光照才能进行光合作用，获取食物，所以它们会在较为昏暗寒冷的冬季脱落，并在春天重新生长。

2 肉质植物可以在非常干燥的条件下通过将水储存在肉质叶片中而存活。最大的沙漠仙人掌可以在降雨后吸收5个浴盆的水量，足以维持它们安然度过4个月的干旱期。

3 早在古埃及时代，罂粟就是用于医学的植物之一。今天，该植物被制成强效止痛药——吗啡。

4 竹子是高大、生长迅速的大型草本植物。巨型竹子的新芽在24小时内可生长至1米，这是所有植物中最快的生长速度。

5 在槲寄生下接吻是一种美好的圣诞传统，但这种植物是一种残酷的寄生植物。槲寄生从寄主植物（通常是树）上偷取营养。它环绕在树枝上，深深地扎根在树干上。

珍贵植物

植物是人类生命的保护者——它们向大气中释放出供我们呼吸的氧气，为我们提供食物和药物。植物处于大多数食物链的底部，几乎供养着地球上的每一种动物。

6 世界上共有25000种不同类型的兰花，兰花是开花植物中最大的家族。许多兰花会使用一些小技巧来诱惑昆虫帮它授粉，例如铁锤兰通过一个看起来和闻起来像雌黄蜂的花朵吸引雄黄蜂。

7 攀缘植物为了生存而攀爬，争先恐后地寻找阳光和空气。它们纤细的触感卷须生长迅速，缠绕在攀爬过程中遇到的任何支撑物上。

8 盆景是长在容器里的普通树木，容器限制了根系的生长，因此体形较小。尽管它们的尺寸很小，但据说最古老的盆景已经活了800多年了。

10 一般情况下，树只有1%的组织是活的。另外99%是由死细胞组成的，这些细胞构成了树的内部结构，并为外部的活细胞提供了结构支撑。

9 球果储存着许多大树的种子。北美红杉是最高的球果树，最高纪录达到115.85米，比30层楼还高。

11 苔藓是天然海绵，可以吸收大量的水。第一次世界大战期间，沼泽苔藓因其良好的吸收性能被用来制作绷带敷料。

12 蕨类植物是地球上最早出现的植物的后代，可追溯到近4亿年前。这些原始植物是可吸收毒素的植物之一，有助于去除空气和土壤中的污染物。

13½ 海藻看起来像植物，但实际上它们不是植物，而属于一种叫藻类的有机体。单细胞藻类是现在所有植物的祖先。

13 捕蝇草是最著名的肉食植物，精通捕捉不警惕的昆虫，消化它们来吸收营养物质。它的尖齿叶片可以在不到1秒的时间内快速关闭。

辉煌希腊

古希腊文明被视为人类文明的黄金时代。它在公元前5世纪达到顶峰，产生了许多伟大的思想家和领袖，以及许多宏伟的建筑，比如雅典的帕特农神庙，该建筑于公元前432年完工。

1 古希腊不是一个国家，而是一个由许多拥有共同语言和宗教的城邦组成的集合。雅典是当时世界上最强大的城邦，也是世界上第一个由人民统治的民主国家。

3 帕特农神庙是一座供奉雅典娜女神的神殿。它位于城市中高耸的岩石露头上，相当于3个网球场大小。

2 古希腊人认为，世界是由他们所尊敬、祈祷和敬畏的众神统治的。宙斯是希腊众神之王。他的雕像出现在帕特农神庙前面的三角墙上（屋顶下方的三角形部分）。

宙斯

4 为了展现出绚烂的效果，该神庙建造时使用了约22000吨纯白色大理石。但大部分被涂成红色、蓝色和绿色等光彩夺目的颜色。

5 神庙的外墙周围有92块间板浮雕，这些间板在地面上进行雕刻之后被挂在柱子上方。每幅间板以希腊神话中的战争故事为题材。在这一面，展示的是神与巨人做斗争的故事。

6 帕特农神庙的场地上有一个存在了数千年的祭拜场所。在帕特农神庙建造之前还有另一座供奉雅典娜的神庙。帕特农神庙于公元6世纪被改建为基督教教堂，在15世纪60年代被改为清真寺。

7 如果帕特农神庙的柱子向天空一直延伸，它们最终会汇合。因为在建造时，这些柱子都是向内倾斜的，这是为抵消垂直立柱看上去向外倾斜的光学错觉。

8 哲学对古希腊人很重要，许多著名的希腊哲学家在今天还非常有名，比如柏拉图。但有些哲学家的观点非常极端，比如毕达哥拉斯告诉古希腊人不应该吃豆类，因为豆类拥有死者的灵魂。

9 第一届奥运会于公元前776年在奥林匹克举行。运动员裸体参加比赛，且体育比赛中还包括战车比赛。城邦之间的战争在比赛开始前一个月就被禁止了，所以观众可以安全地抵达比赛现场。

10 长160米的大理石浮雕带（围绕内墙的装饰带）描绘了泛雅典娜节上的盛大游行。泛雅典娜节是雅典人纪念雅典娜的节日。

11 帕特农神庙是一座祭祀神庙，但它同时也是一座宝库。据说它的阁楼里储存了大量金钱，是由希腊其他城邦支付给雅典的，以换取军事保护。

12 1687年，奥斯曼占领雅典后，把帕特农神庙当作弹药库，一枚炮弹击中了储存的弹药，由此产生的爆炸毁坏了屋顶。

13 帕特农神庙最重要的雕塑是12米高的雅典娜雕像，用象牙和木头雕刻而成，并装饰着金、银和宝石，它的造价比整个神庙的花费还要多。

雅典娜

13½ 当你想象一个古希腊人的形象时，你可能会认为他们像古代罗马人一样穿着宽外袍。事实上，古希腊人根本没有穿过这种宽外袍。他们穿着一种叫作希顿（chiton）的服装，女性还会穿一种叫佩普罗斯（peplos）的长袍。

鳄鱼猎人

鳄鱼的祖先在2.3亿年前首次出现在地球上，从那时起它们变成了越来越凶残的掠食者。这些"隐身的猎人"大多生活在热带地区，潜伏在河流和湖泊中，并准备随时发起进攻。

1 这种美洲鳄是23种鳄科动物之一，鳄目包括鳄科及其近亲短吻鳄科和长吻鳄科。它们是极易遭受非法狩猎的物种之一。

2 鳄鱼是有史以来具有最强咬力的动物。它们的下颚非常强大，科学家估计一只大鳄鱼的咬力仅次于霸王龙。

3 虽然鳄鱼的下颚具备巨大的咬力，但它们控制张嘴的肌肉力量却很弱。你只需要用橡皮筋绑住它们的嘴，就可以使鳄鱼闭嘴。

4 鳄鱼的眼睛位于头的顶部，当它的身体其他部分在水中时，眼睛还可以露出水面观察猎物。如果鳄鱼受到攻击，眼睛甚至可以缩回去。

5 鳄鱼通常通过伏击狩猎，利用其强大的后腿和尾巴猛地将身体推出水面。在陆地上，它可以以大约17千米/时的速度前进。

6 鳄鱼能够以高达32千米/时的速度游泳。游泳时它会藏起腿，通过击打强壮的尾巴在水中推进。

7 在恐龙之前，名叫"卡罗来纳州屠夫"（Carnufex Carolinensis）的鳄鱼祖先统治着地球。这个2.7米长的家伙在2.3亿年前便横行在这片土地上。它像许多恐龙一样用后腿行走，并因其可怕的刀片状牙齿得名。

8 古埃及人经常将鳄鱼制成木乃伊，并且他们还信奉一个叫索贝克的鳄鱼神。古埃及其中一个城市被称为鳄鱼城邦，因为那里的居民们信奉一个全身覆盖着黄金和珠宝的活鳄鱼。

9 鳄鱼的"装甲式"身体上覆盖着成千上万个触觉凸点。这些凸点连接成一个巨大的神经网络，比人类的指尖更敏感。

10 鳄鱼需要呼吸空气，但它们可以待在水下超过一个小时，它们通过放慢心率来做到这一点。它的咽部有一个薄而富有弹性的膜，当这个膜关闭时，口腔和呼吸道便隔开了，所以鳄鱼在水下仍然可以张开嘴巴，不让水进入呼吸道。

11 湾鳄是鳄鱼的最大种类。湾鳄可长达6.2米，约为一辆家用汽车长度的1.5倍。湾鳄可以通过洋流冲浪快速穿过水面。

12 鳄科的鳄鱼有一个尖尖的V形鼻子，这是它们和短吻鳄科鳄鱼的主要区别之一。鳄科的鳄鱼的牙齿外露，当嘴巴闭合时，你仍然可以看到鳄鱼的两排牙齿。但短吻鳄的牙齿很小，当它闭上嘴，只能看到它的上排牙齿。

13 如果鳄鱼的牙齿脱落，新牙齿会快速长出。一条鳄鱼一生中可以拥有至少3000颗牙齿。

13½ 当有人假装伤心时，我们说他们流的是"鳄鱼的眼泪"，因为鳄鱼在吃猎物时会留下眼泪。鳄鱼的眼睛在吃东西时会流泪，并不是因为它们伤心，而是因为吞咽大块肉时会挤压泪腺，流出泪水。

地心引力

没有引力，就不会有我们所知道的宇宙。引力将恒星和行星聚集在一起，并使地球上的所有物体（包括空气）聚集在一起。地心引力（重力）会使物体下落，比如图中的跳水者。

1 宇宙中有一些无形的力量，你可能无法看到它们。但它们能够推动或产生动物质（吸引），而无法产生推力。

2 大的行星、恒星和星系所产生的引力是非常强大的。然而，日常生活中的引力却很微弱，冰箱贴与冰箱之间产生的磁力就克服了地心引力。

3 只要人们在地球上。地心引力就会将其拉向地球中心，如图中所示，地心引力使跳水者加速落入水中。

4 在月球和太阳的引力作用下，发生了潮汐现象。其中月球引力为主要影响因素。在此影响下，随着地球旋转，世界上的各个地区相继发生潮涨潮落。

5 太空中有一些地方的引力非常大，甚至也会被吸入。黑洞是真正的黑片，但它们有巨大的质量，它们拥有巨大的引力。如果你靠近入黑洞，它会拉松紧拉你的身体就像拉松紧带一样。

6 跳水者在半空中时，作用于他身上的只有两种力。地心引力和空气阻力。这对跳水者来说是随着速度增加，一个很小的力量。但跳伞运动员可以达到非常高的速度。从而使重力和空气阻力达到平衡，最后停止加速，达到"最终速度"。

▽ 牛顿定律

关于引力的第一个正确的理论是英国科学家艾萨克·牛顿在1687年发表的"万有引力定律"。牛顿发现每一个物体都吸引着其他物体，吸引力的强度取决于两个物体的质量和它们之间的距离。

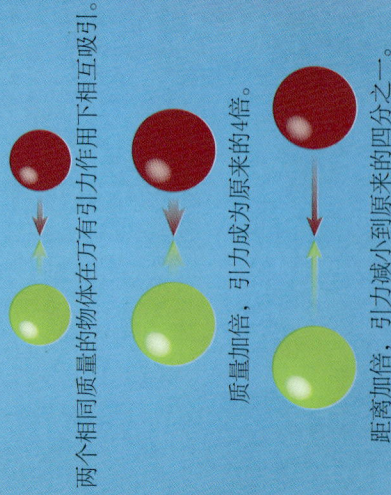

两个相同质量的物体在万有引力作用下相互吸引。

质量加倍，引力成为原来的4倍。

距离加倍，引力减小到原来的四分之一。

7 重力加速度来自于地球引力。一个重力加速度产生的力相当于一个人静止时所产生的重力。你移动得越快，你受到的力越大。在大型过山车轨道的底部时，你受到的力可以达到相当于3个重力加速度所产生的力。

8 落入水中后，跳水者的速度可在一到两秒钟内减至零。这是因为水比空气的密度大，所以阻力更大。

9 如果物体比水轻，则浮力大于重力，可以把漂浮起来。重力把跳水者放下来，但浮力使他漂浮在水面上。

10 你的质量代表你是由多少物质构成的。你的体重是地球上对你的质量产生的力。地球上的重力是月球的6倍，所以站在月球上的航天员是他在地球上体重的六分之一。但是，他的质量没有变化。

11 当月亮在头顶上时，你的体重会略轻，比如在一个满月的半夜，因为月球引力可抵消一点地球引力，从而减轻你的体重。

12 越靠近地球中心，地心引力越强。这意味着跳水者在深海中的重力比他在重顶时的稍大。

13 在深海中，很难判断哪个方向是向上的，因为视野中所有方向都是相同的。一些鱼通过它们的"耳石"感受地心的引力。

13½ 你可能会认为航天员在国际空间站是处于漂浮状态，因为那里没有引力。事实上，那里是有引力的。正是引力将他们固定在轨道上。航天员确实也处于失重状态，是因为他们和航天器相当于正处于自由落体的状态。

肌肉力量

尽管肌肉是由最细微的纤维组成的，但它的力量非常强大，肌肉可以帮助四肢运动，为器官提供动力，并使血液分流。这些软组织坚韧而强壮，占我们体重的40%。

1 骨骼肌拉动骨头使其移动。你的身体里有大约650块骨骼肌分布在骨架上，它们是唯一可以让你自主移动的肌肉。

3 手指上没有肌肉，只有肌腱在手掌的骨骼肌的带动下移动。肌腱是坚韧的绳索状组织，将肌肉连接到骨骼上。

2 水球是世界上体能要求最高的运动之一。运动员必须在不触及泳池底部的情况下传球和抢球。在水中移动比在陆地上难得多，因为你的肌肉必须抵抗水的阻力。

4 心脏由心肌组成，与骨骼肌相似，但它们永远不需要休息。这个不知疲倦的器官每分钟平均跳动60～100次，每天如此。

5 被称为平滑肌的第三种肌肉存在于中空器官的壁中。它可以自动完成许多重要工作，如搅动胃中的食物，通过肠道挤压尿液，将尿液排出膀胱等。

6 位于你眼球后面的6块肌肉是人体内运动最快的肌肉。它们可以在0.01秒内收缩。你阅读1小时，它们可能已进行了10000次微小的运动。

7 肌肉可以帮助你提起令人难以置信的质量。职业举重运动员可以用双臂举起超过400千克的质量，超过5名成年男子的体重。

8 人体内有数十亿个微小的肌肉。每个毛囊都有一个微小的肌肉，它可以收缩从而使汗毛站立，也可以让你起鸡皮疙瘩。

9 肌肉收缩时会产生微小的噪声。其中大部分是20赫兹以下的极低频率，这个频率对于人类来说太低了，根本听不到，但响声足够大时能够被一些动物听到。

10 你身体中最大的肌肉是臀大肌，也就是你屁股上的肌肉。它看起来可能并不是很多，但这块肌肉可以保持你的身体平衡，防止你在站立和走路时摔倒。

⯆ 肌肉如何工作

肌肉只能拉动骨头，不会推动骨头。所有的肌肉都是由细小的纤维组成的，这些纤维通过收缩来拉动身体的一部分。骨骼肌通常成对地工作，拉向相反的方向。在你的胳膊上，你的肱二头肌和肱三头肌是一对。当肱二头肌收缩时，你的手臂会弯曲，当肱三头肌收缩时，它会变直。

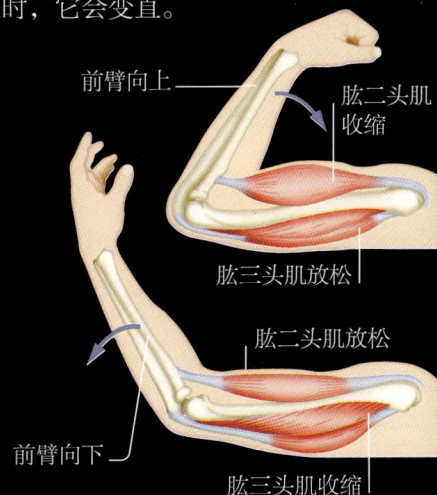

前臂向上 —— 肱二头肌收缩

肱三头肌放松

肱二头肌放松

前臂向下 —— 肱三头肌收缩

11 水球运动员利用腿部肌肉推动他们的身体离开水面。锻炼并不会长出新的肌肉，你出生时就已经拥有了所有肌肉。但是，锻炼可以增厚现有的肌肉，使你变得更强壮。

12 你每移动一步，就使用了大约200块肌肉——不仅仅是腿部肌肉，还有上身肌肉，比如腹肌。

13 科学家利用钓鱼线和缝纫线制造出高科技"人造肌肉"，它们的举重能力超过人体肌肉的100倍以上，并可用于制造超强机器人。

13½ 微笑真的比皱眉使用更多的肌肉吗？人的面部拥有43块肌肉，这些肌肉协调运动可以产生7000多个不同的微妙的表情组合。因为微笑或皱眉有许多不同类型，所以不能简单地说哪个表情使用的肌肉更多。

好奇的猫

从咆哮的狮子到可爱的猫，所有的猫科动物都属于同一个家族。几乎所有的野生猫科动物都是单独生活和狩猎的，但家猫非常有趣、可爱，是世界上受欢迎的宠物之一。

1 家猫是非洲野猫的后代，它们的外表几乎完全相同，都在黎明和黄昏时使用敏锐的目光追捕猎物。但非洲野猫体形更大，更具侵略性，不会与人类交流。

2 几千年来，猫一直与人类共存。人类最早的驯化猫的证据是在9500年前的塞浦路斯人类坟墓中发现了猫骨骼。猫最初与人类一起生活，是为了帮助人类捕捉粮仓内的老鼠。

3 这只猫是英国短毛猫——最古老的种猫。它个头比较大，肌肉发达，脸圆面，皮毛细，腿短。品种是指同种类动物的不同类型。家猫目前大约有50个品种。

4 猫的大耳朵方便声音进入内耳，所以猫可以检测到声音的方向。猫还可以通过独立转动每只耳朵来捕捉特定的声音。

5 这只飞舞的蝴蝶吸引了猫的注意力。在野外，猫会追捕、诱捕和杀死猎物。这些好猎天性流会显现出来，它将注意力集中在一个移动的目标上，并试图用爪子抓住它。与狗不同，猫可以"拥抱"中抓住猎物，并在猎物脖子上给予致命一击。

6 猫的胡须较硬，都有超敏感的神经末梢。猫用胡须来测量距离，判断它们是否可以胡须穿过缝隙。如果这个缝隙可以让猫的头部展开，那么就足以让整个身体都能通过。

7 猫的肩胛非常灵活，和人类一样，它的锁骨将肩胛直接连到胸骨上。但猫的锁骨很小，这样可以使肩胛更加灵活，只需要挤压肩胛空间，只需要挤压肩胛，全身都能通过。

8 今天，全世界约有6亿只宠物猫。美国是最爱猫的国家，拥有超过9400万只猫，其次是中国、俄罗斯、巴西和法国。

9 平衡。家猫通常将尾巴向上直立，但野猫则将它们水平放置或夹在双腿之间。有些品种的猫没有尾巴，无尾马恩岛猫有长长的后腿和圆臀，曾长期被错误地认为是猫与兔的杂交品种。

10 古埃及人十分崇拜猫，认为猫是神圣的。在古埃及，如果一只猫意外死亡，它将被制成木乃伊并放在坟墓中，并且主人都要把眉毛刮掉以示哀悼。

13½ 猫发出的咕噜声音通常被认为是满足感的标志。实际上，咕噜声是一种自我安慰，所以猫发出咕噜声的原因很多，如感到害怕、生病，或者处于痛苦之中。

13 猫可以利用它们强壮双腿的推力跃至自己身高6倍的高度。它们准备跳跃时将4个爪子放在一起，像螺旋弹簧一样保持蜷缩的姿势，这会在跳起时给予它们最大的力量。

11 俗话说，猫有九条命。因为它们几乎总能从高处平稳地落在地上。这是因为猫的正反射——一种扭倒(倒)的同时正确地扭转身体，保持最佳降落姿势的本能。一只猫从10层楼摔落下来存活的可能性要比从2层楼摔落的可能性更大。因为长一点的距离可以让它有更多的时间进行自我调整。(但是不要让你的猫尝试!)

12 在中世纪的欧洲，人们认为猫与巫术有关。比利时的一个小镇伊普尔每年3年举行一次猫节，现在该节日仍然举行。从高塔上抛出地的是玩具猫而不是真正的猫。

猫爪子

猫的爪子由角蛋白构成，与构成人类指甲的蛋白质相同。猫用它们的爪子爬行、捕捉猎物、撕扯肉食和保护自己。与多数肉食动物不同，猫爪是可以完全展开的。猫的爪子里面有两个小肌腱，用于控制爪子伸展和缩回。收缩一个小肌腱的同时会放松另一个小肌腱。每个爪子的外层每隔几个月就会剥落掉一层，下面露出一个新的爪子。

缩着的爪　伸出的爪

肉质的爪鞘保护爪子，让爪子保持锋利。

猫伸出腿时，爪子也会伸出。

名词解释

DNA

脱氧核糖核酸的缩写，是存在于所有生物的每个细胞内的一种化学物质。它携带遗传信息，告诉细胞如何生长和行使该有的功能。

LED

发光二极管的缩写，是一种在电流通过时产生光的装置。

X射线

以光速传播的高能电磁辐射。医学上用于拍摄身体内部的骨骼和牙齿这些固体部分。

阿兹特克

在14至16世纪期间在墨西哥和中美洲蓬勃发展的国家。

百夫长

古罗马军队中指挥着80名士兵的军官。

半球

球体的一半。通常指地球的一半（北半球和南半球），或大脑的一半。

半透明物质

一种物质允许光线通过，但不能使图像清晰可见，这样的物质称之为半透明物质。

孢子

由真菌或植物产生的微小细胞，可以在不受精的情况下生长成新的真菌或植物。

北极圈

北纬66° 32'的一条假想线，环绕北极周围的地区。

变态发育

一些动物进入成年形态需要经历的一种身体变化的过程，例如毛毛虫转变为蝴蝶的过程。

冰川

需要很长时间形成的一条巨大的、移动非常缓慢的冰河。冰川大多位于地球两极周围的寒冷地区，以及阿尔卑斯山脉和喜马拉雅山脉等这样的高海拔山脉。

冰盖

一个覆盖着很大面积的永久冰冻区，特别是在极地附近。

病毒

一种侵入活细胞，并可导致疾病的微小生命形态。

波

一种来回或上下的运动，可以穿透物质，并携带能量。

波斯语（Persian）

这种语言也被称为"Farsi"，主要在伊朗使用，也在阿富汗和塔吉克斯坦使用。

波长

波的长度，指从一个波的波峰到下一个波的波峰之间的距离。

捕食者

捕食其他动物作为食物的动物。

哺乳动物

一种具有脊椎的恒温动物，以自身的乳汁喂养幼仔。除了个别产卵物种如鸭嘴兽，大多数哺乳动物都会直接生出幼崽。

超声速

比声音速度（大约1230千米/时）更快。

城邦

一个拥有独立的政府体系的城市。城邦最初出现在古希腊，斯巴达城由其国王统治，雅典则由一位政治家统治。

赤道

位于北极和南极之间，0°纬度上的一条环绕地球的假想线，并将地球划分为北半球和南半球。

磁场

传递实物间磁力作用的场。

磁极

磁体的两端，是磁场最强的地方。地球表面磁力最强的地方靠近北极和南极。

大键琴

在钢琴被发明之前的16至18世纪流行的一种键盘乐器。

大陆

一块非常大的陆地。地球有7个大陆，被称为七大洲：非洲、欧洲、亚洲、北美洲、南美洲、大洋洲和南极洲。

大气层

环绕地球和其他行星的气体层。

氮气

一种构成地球大气层主要成分的透明气体。

导体

在物理学中，可以导热和导电的材料。

灯丝

一种耐高温的金属丝，例如白炽灯泡中的细线圈，当电流通过时会发光。

电池

通过化学反应而产生电力的装置。

电磁波谱

是指按电磁波波长（或频率）连续排列的电磁波族，包括可见光、红外线、紫外线、无线电波和X射线等。

电极

由导体构成的电接触点，它能将能量从一个闭合回路连接到外界的非金属物质上。

电流

带电粒子的运动产生电流，这些粒子通常是电子，它们可以在金属线中自由移动。

电路

可以让电流在其中流过的一条完整的路径。

电子

一种微小的带负电的粒子。电子存在于每个原子之中，但是它们经常会在原子之间移动。

二氧化碳

无色气体，存在于空气中，由碳原子和氧原子组成。我们会呼出二氧化碳。植物需要它进行光合作用。

发芽

植物学中，当种子开始生长并抽出嫩芽所经历的这些过程就叫作发芽。

法国大革命

1789年至1799年间，法国人民反抗统治法国多个世纪的波旁王朝及君主制，并将法国建立为共和国，从而发生的暴力政变。

放射性

不稳定原子的原子核在解体的过程中，释放出能量粒子，这一过程被称为辐射。

分子

由两个或多个原子通过化学作用结合在一起而形成的粒子。

浮力

使物体漂浮在水中的力。

复合材料

由两种或多种不同材料合成的材料。复合材料通常比制造它的单个材料性能更强。

复眼

由许多小眼睛组成的眼睛，每个小眼睛相当于一个小镜头。常见于苍蝇和蜜蜂。

钢

一种合金（混合物），主要由铁和碳组成，比纯铁强度更高，应用更广泛。

工业革命

18世纪末和19世纪初期新技术的发展导致机械化和社会变革称之为工业革命。

构造板块

构成地球表面的,缓慢移动的大型板块(岩石圈)。

固体

物质的一种存在状态,其中原子或分子牢牢地结合在一起。

关节炎

一种影响关节的疾病,使关节疼痛、肿胀或僵硬。

管弦乐队

由许多音乐家所组成的音乐表演团体,他们用各种乐器演奏音乐,包括弦乐、木管、铜管和打击乐器。

管状鼻

动物的一种长而弯曲的鼻子,如大象的鼻子,或口器,如某些昆虫的吮吸管。

光合作用

植物体内进行的一系列化学反应。它们利用阳光产生的能量将水和二氧化碳转化为糖(葡萄糖)和氧气。

光年

光在一年内传播的距离,大约为9.46×10^{15}千米。

轨道

在天文学中,一个物体围绕另一个物体运动的路线,例如围绕行星运动的月球的路径。

海拔

物体与海平面的高度差。

海兽脂

鲸、海豹、海象和其他海洋哺乳动物皮下的脂肪层。

海啸

一种巨大的破坏性海浪,通常是由海底地震或火山爆发所引发的。

氦气

一种不易燃气体。常用于给气球充气。

合成物

由人造材料制成,尼龙和塑料等材料就是合成物。

合金

由金属与其他金属或非金属元素混合制成的材料,使其具有更高的强度。例如,钢是由铁和碳等元素制成的合金。

黑洞

太空中一个大恒星毁灭并坍塌所形成的区域。黑洞具有强大的引力,任何物质,甚至光线都无法逃脱。

因特网

世界各地的计算机交换信息的庞大网络。

化石

保存在岩石中的史前植物或动物的遗骸或印记。

化石燃料

包括煤、石油和天然气在内的许多燃料,它们由死了很久的植物或动物的腐烂的残骸自然形成。

彗星

绕太阳运行的岩石和冰体。彗星的长尾巴由尘埃和气体组成。

火车头

也叫机车,一种由蒸汽、电力或柴油驱动的自推进式发动机,用于拉动火车。

火箭

一种由燃烧燃料产生的反作用力向前推进的飞行器。

机器人

一种通常由计算机控制的机器,可以自动执行一系列操作。

激光器

一种产生集中光束的装置,它是通过激励管内的原子产生的。

激光传感器

一种依靠激光束测量精确距离或确定物体精确位置的装置。

脊椎动物

具有脊椎骨的动物。

甲壳动物

一种具有坚硬外部骨骼和成对腿的动物,如龙虾。

甲烷

一种可用作燃料的可燃气体。

角蛋白

构成指甲、爪子、头发和爬行动物鳞片的物质。

角斗士

在古罗马时代,一个人在大型竞技场中与人或动物格斗,供人们娱乐。大多数角斗士都是奴隶或囚犯。

节肢动物

无脊椎动物的一类,具有外部骨骼和关节。节肢动物包括昆虫纲、蛛形纲、甲壳纲、多足纲。

晶体

天然存在的固体物质,呈规则整齐的几何形状。

鲸类

海洋哺乳类动物,包括鲸和海豚。

聚合物

由相同的小分子(称为单体)相互结合组成的物质,如塑料。

绝缘体

一种阻止能量(如电或热)轻易穿过的材料。

卡拉OK

人们跟随机器上播放预先录制的曲调唱歌的一种娱乐活动。

抗生素

消灭细菌等致病微生物的药物。

考古学

关于古代物品或地域的研究,以便更多地了解早期的人们如何生活。

粒子

一种微小的物质组成部分,如烟雾粒子。亚原子粒子是比原子还小的粒子,例如电子。

空气阻力

减慢物体在空中移动的力量。

矿石

一种岩石或矿物,可以从中提取金属等元素。

矿物质

一种天然存在且具有特定特性的固体材料,例如特定的化学成分和晶体形状。

垃圾邮件

未经用户许可就强行发送到用户邮箱中的电子邮件。

力

一种推或拉的力量,可改变物体的速度、运动方向或形状。

两栖动物

一种生活在陆地和水中的脊椎动物,如青蛙或蝾螈。

玛雅文明

分布于现今中美洲的丛林文明,它在公元250年至公元900年左右达到顶峰时期。

密度

衡量一个物体的物质的致密程度,例如:一块砖比羽毛更致密。密度等于物体的质量除以体积。

民主
　　一种政治体系，在这种体系下人们可以按照自己的意愿选举掌权国家的领导人或政党。这个词来自古希腊语，意思是人民统治。

摩擦力
　　阻碍物体相对运动的力，它会使物体速度减慢并产生热量。

莫尔斯电码
　　一种用于发送信息的电子系统，用点和短横线表示字母和数字。

纳米粒子
　　一种非常微小的粒子，直径约为0.0000001厘米。

钠
　　一种柔软的白色金属。

氖
　　一种稀有的无色气体，在真空中通电时会发出红光。可以用于霓虹灯之中。

能量
　　某种物体所具有的做功的能力，比如说移动或发出光和热。

尼安德特人
　　早期的人类，大约在20万～3万年前出现在欧洲、中东和中亚地区。

尼龙
　　一种强力、轻质的合成材料，采用化学工艺制成。

女权主义
　　一种提倡男女应该拥有相同权利和机会的理念。

胚胎
　　处于生物最早发展阶段，还未出生的动物或人类。

喷气发动机
　　一种在巨大汽缸中连续燃烧燃料的发动机。它向后喷射的炽热气体将飞机向前推进，快速移动。

频率
　　在单位时间内振动的次数。高音调就是高频声音，因为它是由声音每秒振动很多次产生的。

葡萄糖
　　一种糖类，一旦被吸收就可以转化为能量。植物、动物和人类都需要它——植物在叶子中可以合成葡萄糖。

启蒙运动
　　18世纪的欧洲，人们反对封建思想，试图崇尚理性，并希望对世界有一个全新的认识，称为启蒙运动。

气体
　　一种物质存在的状态，其中的粒子（原子或分子）不会相互依附在一起，它们可以自由移动。

器官
　　在生物学中，人类、动物或植物身体中的一部分，用来完成某种特定的功能，例如动物的大脑。

侵蚀
　　由于风化、冲刷，有时可能是冰川的作用，使土壤或岩石等的表面发生磨损，这就叫作侵蚀。

氢气
　　一种非常轻且易燃的气体。它与氧气在加热后可以形成水。

熔岩
　　火山爆发喷出的岩浆。

肉食动物
　　吃肉的一类动物。

肉质植物
　　有质厚而多汁的叶子（或茎），可以用于储存水分的植物，比如仙人掌。

软体动物
　　一种身体柔软的无脊椎动物，通常有硬壳保护。蜗牛、蛞蝓、贻贝和章鱼都是软体动物。

色素
　　所有生物细胞中都含有的一种天然物质，色素赋予它们颜色，比如叶绿素使植物变绿。

神经元
　　一种神经细胞，是身体神经系统的一部分。

生态系统
　　由生物（如植物和动物）和非生物（如土壤和水）在自然界某个特定区域所构成的群落。这个群落里的一切生物与非生物都相互依赖，相互影响。

石棺
　　在古代使用的大型棺材，通常由石头制成，将死人放置在其中。

石化产品
　　由原油（石油）生产的化学品，可用于制造塑料、药品、清洁产品和许多其他物品。

石墨
　　一种天然碳的存在形式。它有许多用途，例如铅笔笔芯就是用它做的。

食腐动物
　　一种以死亡动物尸体为食的动物，比如秃鹫。

史前
　　用来描述人类有记载历史之前的阶段。

视觉错误
　　因为眼睛和大脑被颜色、光线和图案所欺骗而产生的与事实不符的判断。

视网膜
　　眼睛壁内层的膜。

书法
　　一种中国传统书写艺术，通常使用毛笔书写。

数字信息系统
　　以二进制形式表示信息的方式（只有数字0和1）。计算机和手机等电子产品以数字形式存储、处理和传输信息。

透镜
　　一种可以弯曲光线的有弧度的透明物质（如玻璃、水晶）。例如，望远镜中的透镜可以使远处的物体看起来更清晰、更大。

太阳系
　　宇宙的一部分，由太阳和围绕太阳运行的8个行星，以及卫星、小行星和彗星等其他天体共同组成。

碳
　　可以形成石墨和金刚石的固体非金属元素。

碳纤维
　　一种由强度高且耐热的碳的细丝所构成的材料。

铁器时代
　　人们开始学习锻造铁器，并用它来制造武器和工具的历史时代。铁器时代大约从公元前1400年一直持续到公元700年。

头足类
　　海洋软体动物中的一类，包括章鱼、鱿鱼和墨鱼。

外骨骼
　　甲壳类动物和昆虫生长在外部的坚硬骨骼，起到保护内部柔软身体的作用。

万维网（WWW）
　　一种全球信息系统，由可通过因特网访问的链接网站组成。

万有引力
　　宇宙中任何两个有质量的物体之间都存在吸引力（拉力），这个力就是万有引力。在地球上，万有引力又叫重力，它将物体拉向地球表面。

网络摄像头
　　可以将实时图像发送到计算机的摄像机。

望远镜
　　用于观察远处物体的仪器。光学望远镜使用镜片和镜头聚集光线，而射电望远镜通过收集它们发出的无线电波来探测天体。

微生物
　　一种微小的单细胞生物，只有用显微镜才能看到。细菌和病毒都属于微生物。

卫星
　　围绕行星运行的天体。人造卫星是绕地球运行的航天器。月球是地球的天然卫星。

文艺复兴
这是欧洲从14世纪末到16世纪所经历的一个历史时期，当时人们反对愚昧的神学思想，对艺术、哲学和科学产生了新的兴趣。

污染物
污染水、土壤或空气的有害物质。

无脊椎动物
没有脊椎骨的动物。无脊椎动物占动物总数的95%。

无线电波
一种不可见的电磁波，以光速传播，可用于传输声音、电视图像或其他信息。

无足目
一类生活在泥泞洞穴或水中的、蠕虫状的无四肢的两栖动物。

细胞
有生命的有机体的最小单位。细胞是组成植物和动物的基石。

细菌
由单细胞组成的微观有机体。一些携带疾病的细菌是有害的。还有很多其他细菌是无害的，如用于制作酸奶的细菌。

下颚
脊椎动物的下颚骨。昆虫和节肢动物的下颚是第二对口器，用于抓握或作为武器。

纤维
一种薄的线状材料。天然纤维由植物（如棉花）制成，但人造（合成）纤维是通过化学方法制成的。

显微镜
一种用于放大物体的仪器，一些物体太小而无法用肉眼看到。

象形文字
一种由古埃及人发明的文字，在这种文字系统中，人们使用图片符号来表示文字、声音和想法。

小行星
绕太阳运行的小块岩石物质。

楔形文字
在美索不达米亚（现在的伊拉克地区）发展形成的古代文字系统。楔形文字多写于泥板或石头上。

星系
通过重力聚集在一起的许多恒星、尘埃和气体。我们的太阳系位于一个叫作银河系的星系中。

压强
衡量力施加在物体表面的强度。压强的大小取决于力的大小和受力面积。

亚种
动物或植物物种内的细分。

岩浆
存在于地球炎热内部的熔融物质。地壳裂缝或火山喷发时，便会以岩浆的形式出现。

氧气
一种气体，占地球大气的五分之一，对呼吸起着至关重要的作用。

叶绿素
使植物呈现绿色的色素。植物中的叶绿素吸收阳光来合成它们需要的食物。

夜行性动物
夜间活动的动物。

液体
一种物质状态，在这种状态下，原子或分子结合得比较松散。

胰岛素
一种在体内自然产生的，可调节血糖的激素。

乙烷
一种存在于石油和天然气中的可燃气体。

音调
用来描述音阶上特定音符的高低。

营养物质
生物为了生存和生长所吃掉或吸收的物质。

蛹
昆虫发育的无活动、非喂养阶段，介于幼虫和完全成年之间。

有机体
一种由一个或多个细胞组成的生物。

幼虫
昆虫的年幼形态，比如毛虫从卵中孵化出来但尚未完全发育成熟，这个形态的昆虫被称为幼虫。

元素
仅由一种类型的原子组成的物质，而且不能再被分解了。

原子
化学元素可以单独存在的最小单位。

原子核
原子的中心部分，由质子和中子组成。

陨石
穿过地球大气层并落在地球表面的太空岩石。

杂食动物
一种既吃动物又吃植物的动物。

植食动物
只吃植物的动物。

折射
当光从一种介质传递到另一种不同密度的介质时，会发生弯曲，这种现象叫作折射。

哲学
关于知识、真理、现实和生命意义等问题的思想研究。

真菌
一种既不是植物也不是动物的生物体，以活的或腐烂的物质为食维持自身生命，并通过孢子繁殖。

质量
在物理学中指一个物体所含有的物质的数量。

质子
原子核中的带正电粒子。

中世纪
指从5世纪至15世纪之间的历史时期，主要指欧洲的封建制时代。

中子
原子核中不带电的粒子。

重力加速度
物体由于重力而产生的加速度，例如坐过山车。

蛛形纲动物
无脊椎动物的一种，包括蜘蛛、蝎子、螨和蜱等。

椎骨
一种构成动物脊椎的小骨头。

紫外线
一种类似于光，但不可见的电磁辐射。紫外光（UV）比可见光频率更高，波长更短。

致谢

DK在此感谢：

Ann Baggaley, Jessica Cawthra, Ashwin Khurana, Anna Limerick, and Fleur Star for editorial assistance; Dave Ball, Samantha Richiardi, and Smiljka Surla for design assistance; Hazel Beynon for proofreading; Helen Peters for the index.

特别感谢Sheila Collins在本项目最后阶段的帮助。

感谢以下各位对所属图片的使用许可授权：

Key:
a-above; b-below/bottom; c-centre; f-far; l-left; r-right; t-top

6 123RF.com: Soloviova Liudmyla (br). Dreamstime.com: Dave Bredeson (tc); Skypixel (cla). 6-7 Dreamstime.com: Yifang Zhao (b). 7 Dreamstime.com: Furtseff (ca); Pavel Konovalov (bl); Guido Vrola (br). 10 123RF.com: Subbotina (clb). Dreamstime.com: Shariff Che\' Lah (bl); Nerss (c); Tomboy2290 (bc); Yurakp (cla). 10-11 Stefan Podhorodecki. 11 123RF.com: Mohammed Anwarul Kabir Choudhury (tc). Dreamstime.com: Goncharuk Maksym (cb); Yurakp (crb). Getty Images: Amriphoto (ca). Reddit: https://www.reddit.com/r/pics/comments/18lxyw/hala_fruit (c). 12-13 Turbo Squid: 3d_molier International / Elements of the image: Generic Sport Roadster. 14 Dreamstime.com: Hery Siswanto (bl). 14-15 Manpreet Singh. 16-17 Dreamstime.com: Plazaccameraman (b). 16 Dreamstime.com: Anna1311 (br, tc); Ruta Saulyte (c). Jim Frink: (cla). 17 Alamy Stock Photo: David Newton (tc). Steve Axford: (cla, tl). Dreamstime.com: Anna1311 (tr); Taiftin (crb); Geografika (ca). 20 Dorling Kindersley: Tim Parmenter / Natural History Museum, London (tl, tr). Dreamstime.com: Igor Kaliuzhny (bc). 20-21 Getty Images: Stockbyte / George Doyle (c). 21 Dorling Kindersley: Tim Parmenter / Natural History Museum, London (tl, bl). Rex Shutterstock: Shutterstock (tr). 22-23 Turbo Squid: Locomotive_works / Elements of the image: Orleans 1893 Steam Locomotive. 24 Dreamstime.com: Kurhan (clb). 25 Dreamstime.com: Juri Samsonov (bc). 28 NASA: (cla). 30-31 Stephen Frink Collection: James Watt (Shark). 32-33

Dreamstime.com: Jacek Kutyba | (b). 32 123RF.com: Marek Uliasz (bl). Alamy Stock Photo: Art Collection 3 (cl). Dorling Kindersley: Gary Ombler / Durham University Oriental Museum (ca, c, cb). Dreamstime.com: Keith Wheatley (tr). 33 Dorling Kindersley: Dave King / Durham University Oriental Museum (ca). Dreamstime.com: Ammza12 (bc); Bethbee | (tl); Okea (tc); Olga Popova (clb); Robyn Mackenzie (cra); Py2000 (c); Ramvseb1 (cb); Piero Cruciatti (br); Sergey Lavrentev (crb). 38-39 Sash Fitzsimmons. 40 Dreamstime.com: Skypixel (tl); Magdalena Żurawska (cla). 41 Dreamstime.com: Les Cunliffe (tc, ftr, fcra); Aldo Di Bari Murga (tl); Sergeyoch (tr); Zagorskid (ca); Alexander Pladdet (cra); Mikhail Kokhanchikov | (clb); Stephen Noakes (br). 42 123RF.com: Thawat Tanhai (cra). 42-43 123RF.com: Alexandr Pakhnyushchyy (b). 43 123RF.com: Werayut Nueathong (cb); Golkin Oleg (clb); Andrey Pavlov (br). 46-47 Dušan Beňo: (HseFly). 50-51 Stefan Podhorodecki. 53 123RF.com: Grafner (bl). Alamy Stock Photo: Chris Willson (c). Dorling Kindersley: Museum of Design in Plastics, Bournemouth Arts University, UK / Gary Ombler (tl). Dreamstime.com: Thanarat Boonmee (cl); James Steidl (clb); Vitalyedush (cb); Prykhodov (crb); Razvan Ionut Dragomirescu (br). 54 Dorling Kindersley: Colin Keates / Natural History Museum, London (cb); Harry Taylor / Sedgwick Museum of Geology, Cambridge (br). 56-57 Turbo Squid: MilosJakubec / Elements of the image: Watch Movement. 58-59 Dreamstime.com: Okea (c). 58 Dreamstime.com: Palex66 | (tc). 60-61 Turbo Squid: Malevolent_King / Elements of the image: Centurion. 62 123RF.com: Anuwat Susomwong (clb). Alamy Stock Photo: Blickwinkel (bc). Dreamstime.com: Dio5050 (bl); Artem Podobedov (cl); Maturos Yaowanawisit (cb); Ewa Walicka (tl); Verdateo (tr). 63 Dreamstime.com: Cornelius20 (crb); Tamara Kulikova (tr); Sahua (bl); Dmitry Knorre (c); Okea (ca); Justas Jaruševičius (br). Getty Images: Photos Lamontagne (tc). 64-65 Dreamstime.com: Wawritto. 66-67 Alamy Stock Photo: Reuters / Christopher Pasatieri (US Transport Military Sci Tec). 72-73 Dreamstime.com: Rainer Junker (DeepOc8). 72 Alamy Stock Photo: Brandon Cole Marine Photography (br). FLPA: Minden Pictures / Norbert Wu (cr). Dr Alan J. Jamieson, Newcastle University, UK:

(tr). Fredrik Pleijel: (tl). Science Photo Library: Dante Fenolio (ca); Dante Fenolio (cl). 73 Alamy Stock Photo: AF Archive (fbl). FLPA: Minden Pictures / Norbert Wu (ca, tl). Getty Images: Visuals Unlimited, Inc. / Michael Ready (tr). National Geographic Creative: Emory Krlstof (bl). Natural Visions: Peter David (tc). Science Photo Library: British Antarctic Survey (bc); Gregory Ochocki (cb/DeepOc7). SeaPics.com: D. R. Schrichte (c). 76-77 Getty Images: Barcroft Media. 78-79 123RF.com: Igarts. 80-81 Turbo Squid: DeVisCon / Elements of the image: Ceremonial knight armour. 86-87 NASA: GSFC / SDO. 88 Dreamstime.com: Isselee (ca); Tjkphotography (cl). 89 Alamy Stock Photo: Brandon Cole Marine Photography (tr); Cultura RM 89-80c; Dorling Kindersley: Natural History Museum, London (tc). Dreamstime.com: W. Scott Mcgill (cra). FLPA: Minden Pictures / Norbert Wu (tl). 92-93 Dreamstime.com: Juri Samsonov (ca). 93 123RF.com: Jesus David Carballo Prieto (tc). Photoshot: Daniel Heuclin (cr). 98-99 123RF.com: Arsgera (c); Katisa (t). 98 123RF.com: Reinis Bigacs (clb); Valentyn Volkov (cla); Phloenphoto (ca). Dreamstime.com: Tracy Decourcy (br). 99 123RF.com: Ifong (ca); Olga Popova (clb); Baiba Opule (bl); limpido (cr). Dreamstime.com: Jiri Hera (br); Thelightwriter (crb). Rex Shutterstock: Shutterstock / Paul Grover (tl). 100 Dreamstime.com. Science Photo Library: (bc). 100-101 Dreamstime.com: Dave Bredeson (ca); Guido Vrola. 101 Dreamstime.com: Zoya Fedorova (cr); Furtseff (ca); James Steidl (c); Ari Sanjaya (tr). 104-105 Getty Images: Henrik Sorensen. 110-111 Getty Images: AFP / DPA / Patrick Pleul. 116 Dorling Kindersley: Bill Schmoker (cl). 117 Dreamstime.com: Steve Byland | (cra). 118-119 Turbo Squid: puperpaxa / Elements of the image: Viking Ship Drakkar. 120-121 Stephen Locke. 123 Alamy Stock Photo: Blickwinkel (tl). Phuket Scuba Club: http://www.phuket-scuba-club.com/blog/2012/03/recent-dive-buddies/cuttlefish (cra). 128-129 © Red Bull GmbH: Red Bull Content Pool / Bavo Swijgers. 130 123RF.com: Antonel (tl); Sergey Goruppa (cl, br); Number001 (bl). Dorling Kindersley: Gary Ombler / Thackeray Medical Museum (c). Dreamstime.com: Newbi1 (cb). 130-131 Dreamstime.com: Russal (bc). 131 123RF.com: Bombaert (tc); Jakub Gojda

(ca); Leonello Calvetti (clb); Dmitriy Syechin (bc); Robuart (tr). Dreamstime.com: Newbi1 (cr). 132-133 Yuri Beletsky. 134 123RF.com: Subbotina (cr). Dreamstime.com: Andrey Armyagov (bl); Anna Kucherova (cra); Okea (cl); Vladyslav Bashutskyy (bc); Paulpaladin (tc). 135 Dreamstime.com: Jens Stolt (tr); Hannu Viitanen (cl). Getty Images: RPM Pictures (clb/Colour1). 142-143 Turbo Squid: iljujjkin / Elements of the image: Concert Grand Piano Yamaha . 144-145 Matthew Smith: (PortManWar). 146 Dreamstime.com: Dvmsimages (c); Okea (tl); Newbi1 (ca); Eric Strand (tc); Postnikov (tr); Alexander Pladdet (ftr); Dmitry Rukhlenko (cb); Zelfit (cl); Elena Schweitzer (bc); Ahmad Firdaus Ismail (crb). 146-147 123RF.com: Bayberry (cb). Dreamstime.com: Vladyslav Bashutskyy (tc). 147 123RF.com. Dreamstime.com. 152 The Trustees of the British Museum: Chas Howson (l). Dorling Kindersley: Canterbury City Council, Museums and Galleries (cl). Dreamstime.com: Andres Rodriguez (c); Yulan 52 (ca). 152-152 Dreamstime.com: Irochka (ca). 152-153 Dreamstime.com: Gradts (t). 153 Alamy Stock Photo: Rachel Husband (clb). Corbis: Mark Weiss (tl). Dreamstime.com: Olesya Tseytlin (br). 156-157 Dreamstime.com: Cloki. 156 Kay Bradfield / www.beastsandblossoms.com: (br). Dreamstime.com. 157 Dreamstime.com: Dibrova (cb); Joystockphoto (l); Yap Kee Chan (c); Juliengrondin (tc); Leigh Prather (ca); Verastuchelova (br); Johannesk | (cr). 160-161 Andy Murch. 162-163 Agustin Muñoz. 164-165 Mauritius Images. 166-167 Solent Picture Desk / Solent News & Photo Agency, Southampton: Kemal Selimovic

Cover images: Front: 123RF.com: Bayberry ca, Soloviova Liudmyla bl, Rasslava bc, Subbotina cra; Dreamstime.com: Jiri Hera tl, Justas Jaruševičius fbl, Okea br, Juri Samsonov cl, Verdateo crb, Hannu Viitanen cla, Guido Vrola ftl; Back: 123RF.com: bl, Subbotina clb; Dreamstime.com: Dvmsimages crb, Jlcst b, Elena Schweitzer cb; Getty Images: Amriphoto cla; Spine: 123RF.com: Bayberry t

All other images © Dorling Kindersley For further information see: www.dkimages.com